おもしろサイエンス

機能性野菜の科学

健康維持・病気予防に働く野菜の力

佐竹元吉［編著］

B&Tブックス
日刊工業新聞社

はじめに

野菜には、従来からよく知られていた糖質、脂質、タンパク質、ビタミン、ミネラルの5大栄養素の他にも、細胞の老化を防ぐポリフェノール、免疫細胞を増やすイオウ化合物、がんの予防・抑制などに効果のあるカロテノイドなど、数多くの機能性成分が含まれていることが近年の研究でわかってきました。今日食材として栽培されている野菜の多くは、もともとは薬草として利用されていた植物なのです。

機能性成分は本来、野菜に微量に含まれるものですが、この含有量を高める技術の開発も進められています。近年増加してきた植物工場も、培養液や照明波長を制御することによって機能性成分の含有量を高めることが可能です。

２０１５年4月より食品の機能性表示制度が施行され、食品に対して「健康の維持・増進に役立つ」機能性が表示できるようになりました。健康に関する表示ができる食品として従来からある特定保健用食品（トクホ）は、体への効果を証明するための大がかりな調査・研究を事業者自らが実施しなければなりませんが、新たに始まった機能性表示制度は、表示の科学的根拠を消費者庁に届け出るだけでよく、加工食品だけでなく野菜のような農産物も対象となりました。

野菜を積極的に食べることを推奨する動きは近年世界的に活発で、とりわけアメリカでは熱心に取り組まれ野菜の消費量は増えています。しかしながら日本では野菜の消費量は低下しており、特に若い世代で目立ちます。機能性成分に富んだ野菜を食べることは健康増進の第一歩であるので、野菜の消費を拡大するためには機能性成分が重要なセールスポイントとなっています。機能性成分を多く含む野菜は今後の農業ビジネスで高付加価値な作物として期待されます。

最近、日本各地でその地域特産の野菜の宣伝・普及を図る動きが進んでいます。沖縄のゴーヤに代表されるように、地方だけに限られていた食材から全国的に広まるものも今後いろいろ出てくるでしょう。アンデス原産の野菜だったトマトやピーマンは今では全世界で広く食べられていますが、最近ではヤーコンのような新顔のアンデス野菜も日本のスーパーマーケットで売られるようになってきました。

この本では、食卓ですでにおなじみの野菜だけでなく、地域特産や日本ではまだなじみの薄い機能性成分に富んだ野菜も取り上げました。身の回りにある野菜がいろいろな面白い機能性をもっていることに気づかれることでしょう。

佐竹　元吉

２０１６年５月

目次

第1章 野菜の機能成分はどんなものがあるか

第2章 機能性成分は植物生体内でこうしてつくられる

第3章 食卓でおなじみの野菜に含まれる機能性成分

第4章 野菜の機能性を高める技術

第5章 地域特産の機能性成分に富んだ野菜

執筆者

佐竹 元吉〔昭和薬科大学 薬用植物園 薬用植物資源研究室 研究員〕
高野 昭人〔昭和薬科大学 薬用植物園 薬用植物資源研究室 教授・薬用植物園長〕
中根 孝久〔昭和薬科大学 天然物化学研究室 准教授〕
牛島 光保〔湧永製薬㈱ 創薬研究所〕
奥山 恵美〔城西国際大学 薬学部 教授〕
数馬 恒平〔富山大学 和漢医薬学総合研究所 助教〕
神田 博史〔広島国際大学 薬学部 薬用植物園 教授〕
小寺 幸広〔湧永製薬㈱ 創薬研究所〕
代田 修〔徳島文理大学 香川薬学部 生薬・天然物化学講座 教授〕
竹谷 孝一〔東京薬科大学 名誉教授〕
西川 可穂子〔中央大学 商学部 教授〕
矢原 正治〔熊本大学 薬用資源エコフロンティアセンター〕

イラスト

北島 潤一〔昭和薬科大学 名誉教授〕

第1章
野菜の機能性成分はどんなものがあるか

1 体のいろいろな機能を調節する野菜の機能性成分

私たちは毎日食事をすることで、さまざまな成分を摂取しています。食品の機能は3つに分類されています。第一次機能として「栄養」に係わる機能、第二次機能として「嗜好」いわゆる美味しさに関する機能、そして第三次機能として「生体調節機能」です。

第一次機能の「栄養的機能」は、食品の栄養素（炭水化物、脂質、タンパク質、ビタミン、ミネラルなど）において、ヒトの健康の維持・増進、成長発育に関わるものです。

第二次機能の「嗜好的機能」は、食品の味や匂い、見た目、歯ごたえといった、ヒトの感覚に対する機能です。食品は薬とは異なり、いくら有効な栄養があっても、味や匂いなどが悪ければ受け入れにくいものです。また、「変な味がする」とか「色が変わっている」というように、食品の腐敗や異物の有無などを見分ける上でも、この機能が重要な役割を果たしています。

第三次機能の「生体調節機能」は、体のいろいろな機能を調節する機能で、生活習慣病の予防や回復など幅広く作用します。それらは次のように大きく6つに整理されています。

① 生循環系調節（血圧をコントロールする）
② 神経系調節（ストレスをやわらげる）
③ 細胞分化調節（成長を促進させる）
④ 免疫・生体防御（免疫細胞を増やしたり、がん細胞の発現を抑える）
⑤ 内分泌調節（ホルモンの分泌を助ける）
⑥ 外分泌調節（消化酵素の分泌調節）

この第三次機能に効果のある成分を「機能性成分」と呼んでいます。機能性成分は多くの野菜や果物に含まれており、それらの野菜を食べて機能性成分を日常

食品の機能

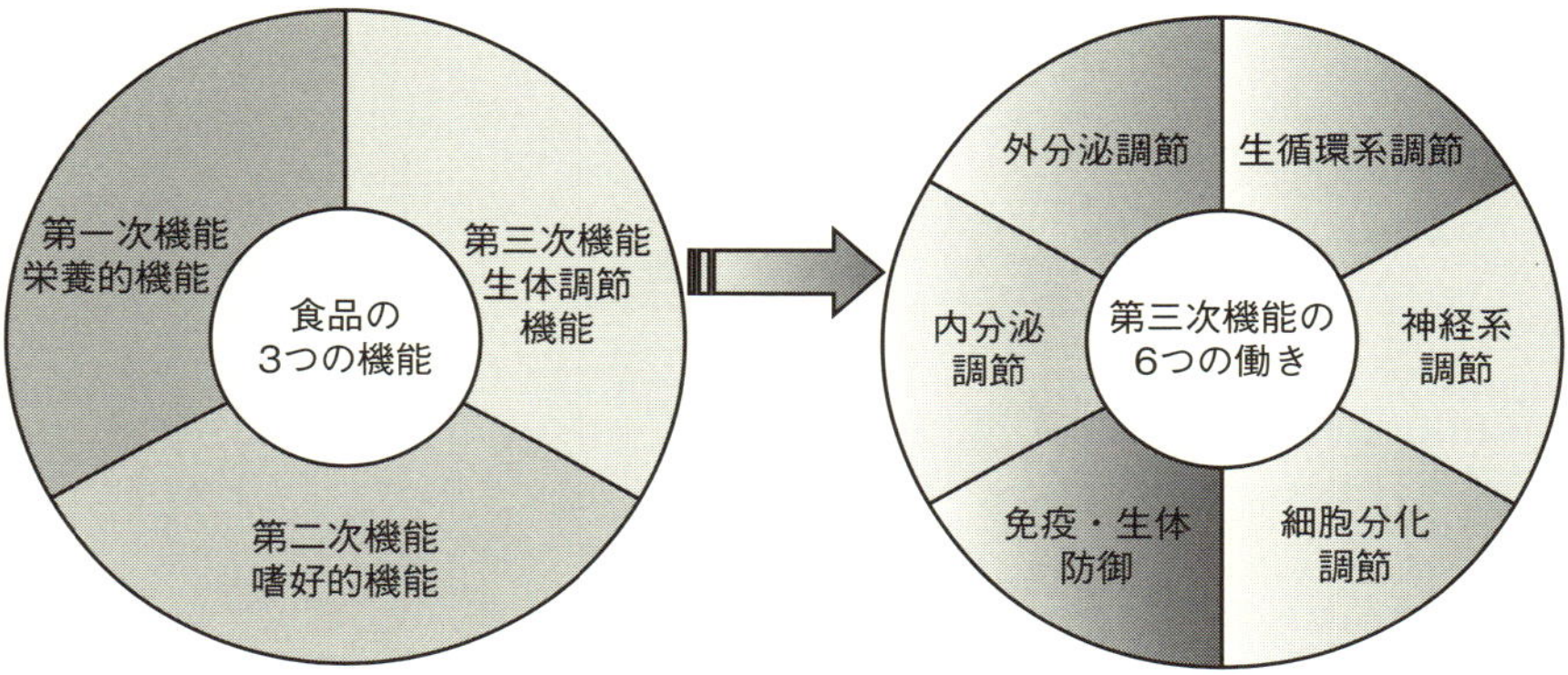

がんの予防効果の高い食品

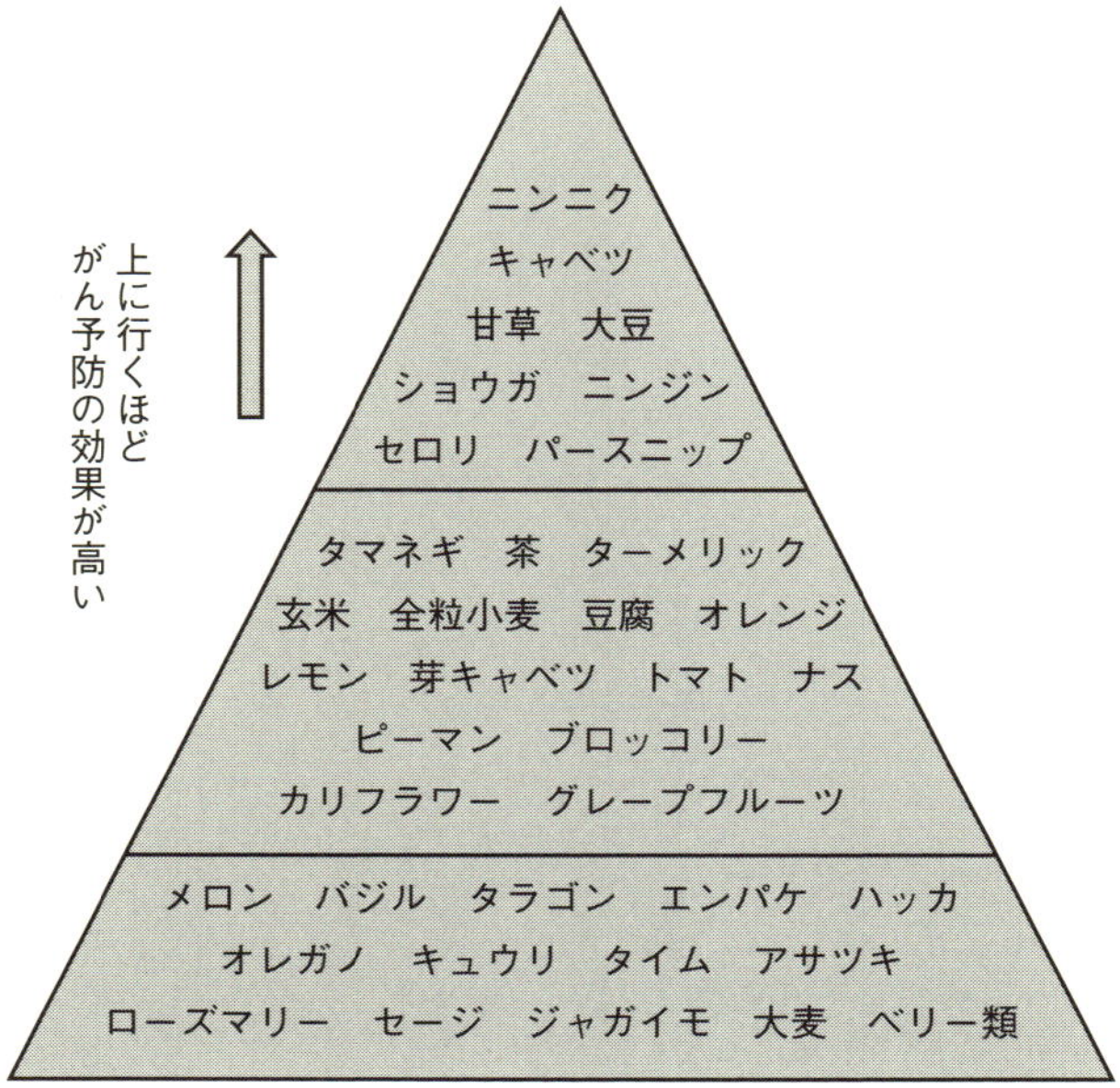

（米国国立がん研究所資料より）

的に摂取することは健康の維持や病気の予防に役立ちます。

発がん予防の作用がある野菜の成分は、アセレン化合物（セリ科やキク科植物）、イオウを含んだ化合物（ユリ科のニンニクやタマネギ、アブラナ科のキャベツやブリコリー）、ポリフェノール類、タンニン類、芳香族化合物（ウコンのクルクミン、イタドリのレスペラトロール）、トリテルペンやステロイド（カンゾウのグルチルリチン酸、オリーブ油のスクワレン）、脂肪酸などがあります。

高血圧を予防する成分には柑橘類のフラボノイド、グリコシドなどがあります。抗アレルギー性のある成分にはシソのポリフェノール、γ-ルノレン酸があります。

血栓形成抑制作用があるのはニンニクの含硫化成分です。

血糖値を降下するのは、フチン酸を含む豆類やイモ類などです。

ポリフェノールは、フェノール基を2個以上含む構造をもつ成分の総称です。代表的なものは、野菜や果実に含まれる色素成分であるアントシアニンやフラボノイドです。

ポリフェノールは、もともと植物が厳しい環境や外敵から身を守る生体防御のために作り出した物質なので、抗菌作用があります。また、ポリフェノールは強い抗酸化作用があり、発がんを抑制する効果や、老化防止作用、毛細血管を丈夫にする作用、抗アレルギー作用などが報告されています。ポリフェノールは、えぐ味や独特の風味など野菜の味にも関与しており、含有量は野菜によって異なりますが、ほとんどの野菜に含まれています。

食物繊維はかつて、栄養的には価値のないものとされていました。しかし近年は健康維持に必要なものということがわかり、その重要性が注目されています。

食物繊維は、不溶性食物繊維と水溶性食物繊維に大別できます。。不溶性食物繊維は、植物の細胞壁に含まれるセルロースです。水溶性食物繊維は野菜に多く含まれるタンニンなどです。

食物繊維の効果としては次のようなものがあります。

① コレステロールや脂質の吸収を抑制し排出を促進することによる血中コレステロールの低下、

成分から見た野菜の機能性

機能性成分	主な含有野菜	機　能　性
フラボノイド（ルチン、ヘスペリジン）	ナス、トマト、ホウレンソウ	毛細血管の強化、血流改善効果、LDLコレステロールの低下、抗アレルギー作用、免疫力アップなど
イソフラボン、	ダイズ	女性ホルモン「エストロゲン」（卵胞ホルモン）に似た働き
カプサイシン	トウガラシ、シソ、モロヘイヤ、ニンジン、パセリ、ホウレンソウ、アシタバ	辛実成分、毛細血管の血行が良くなり発汗作用や脂肪分解効果が得られる。脂肪分解を促す。
カロテン	トウガラシ、シソ、モロヘイヤ、ニンジン、パセリ、ホウレンソウ、アシタバ	コレステロールを下げる。
ケルセチン	タマネギ、ホウレンソウ、パセリ、ケール、レタス、ブロッコリー、モロヘイヤ、青シソ	生活習慣病の予防・改善。
ナイアシン	ラッカセイ、	脂質、糖質、タンパク質の代謝に不可欠。二日酔いの原因となるアセトアルデヒドを分解する。
リコペン	トマト、スイカ	動脈硬化、脳梗塞や心筋梗塞、高血圧を予防。
レシチン	大豆	ストレス解消、疲労回復、脳循環解消。
食物繊維	シソ、ヨモギ、パセリ	排便をスムーズにし、体内の有害物質を吸着して排出させる。.
大豆サポニン	大豆	過酸化脂質の生成抑制、細胞を活性化、肌の老化を防ぎ、動脈硬化や血栓症を防ぎ、肝機能障害を改善。
硫化アリル	タマネギ、ニンニク	血液凝固を遅らせて血液をサラサラにする。血液中の脂質を減らし、糖尿病、高血圧、動脈硬化を予防。

②　糖分の吸収を遅らせることによる糖尿病の予防

③　咀嚼回数の増加や胃の中で体積が増えることによる食べ過ぎの防止

④　腸内細菌のバランスを整え、腸の働きを活発にして便通をよくすることによる大腸がんの予防

食物繊維を豊富に含む野菜は、キャベツ、アスパラガス、セロリ、スナップエンドウ、タケノコ、サヤエンドウ、レタス、トウモロコシ、タマネギ、ゴボウ、サツマイモ、サトイモ、ナガネギ、ダイコン、ブロッコリー、ピーマンなどです。

イオウ化合物は、タマネギ、ネギ、ニラ、ニンニク、ラッキョウなどのユリ科の野菜に含まれます。これらには切ったときにツンとくる刺激臭がありますが、その刺激臭の元になっているのが硫化アリルです。血液をサラサラにして動脈硬化を防ぎ、心筋梗塞、脳梗塞等の生活習慣病を予防します。また、活性酸素を除去し、がんの発生を抑えるほか、強い殺菌作用で胃炎などにも効果を発揮します。

2 活性酸素を抑えて様々な病気を防ぐポリフェノール

植物も動物も、ストレスを浴び続けたり、日光に当たりすぎたりすると、体内で活性酸素が作られます。活性酸素とは、通常の酸素と比べてモノを酸化する力が強い酸素です。活性酸素は体内に侵入した細菌などの異物を攻撃したり、体内の酵素反応を促したりするなど、私たちの生体にとって大切な役割を果たしていますが、活性酸素には酸化力があるため、身体に溜まってしまうと健康な細胞を傷つけ、老化や動脈硬化、糖尿病、がん、高血圧などの引き金にもなるといわれています。

特に動脈硬化は多くの病気の原因となります。動脈壁に脂質が溜まったり、細胞の増殖によって血管壁が肥厚した結果、血管が細くなったり、血栓ができたりします。動脈硬化は、狭心症、虚血性心疾患（心筋梗塞など）、脳血管障害の一過性脳虚血、脳梗塞、脳血栓など、全身の様々な疾患に関連します。

活性酸素は常に体内にできていますが、普通はカタラーゼやスーパーオキシドジスムターゼといった酵素やポリフェノールなどの植物由来の抗酸化物質が活性酸素を消しています。

ポリフェノールは植物の樹皮や表皮、種子などに含まれる色素成分や苦味・渋味成分で、フラボノール、イソフラボン、タンニン、カテキン、ケルセチン、アントシアニンなどの物質の総称です。ポリフェノールと一言でよくまとめられますが、実はポリフェノールには種類が400種類以上もあるといわれており、効果・効能もそれぞれに違うのです。

例をあげてみると、大豆イソフラボンがあります。女性ホルモンのエストロゲンに類似した分子構造をもっているため、エストロゲンに良く似た働きをすると

ポリフェノールの種類

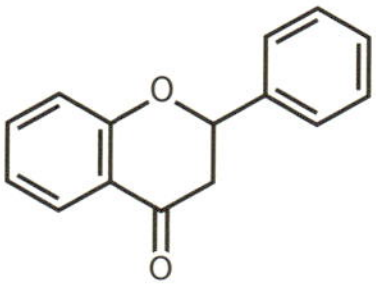

フラボン

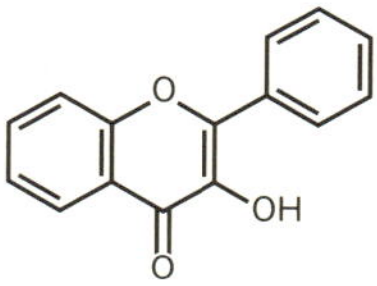

フラボノール

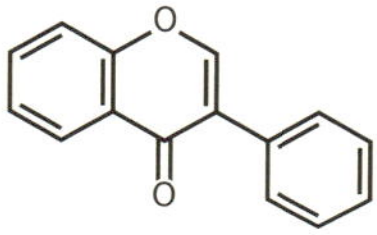

イソフラボン

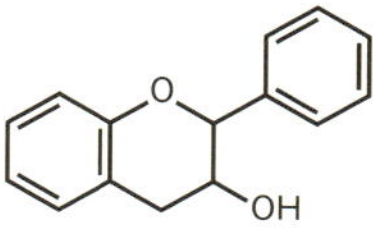

フラバノール

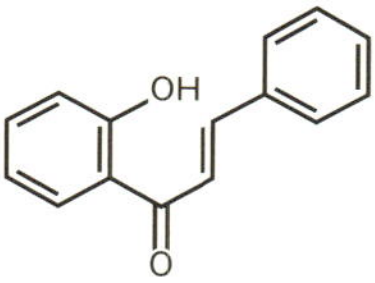

カルコン

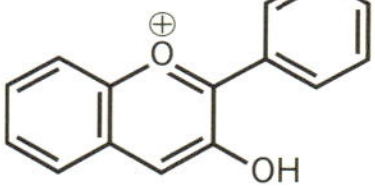

アントシアニン

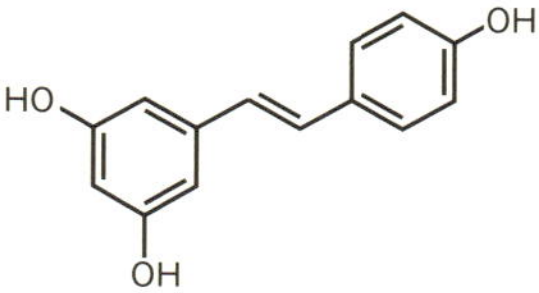

トランス型レスベラトール

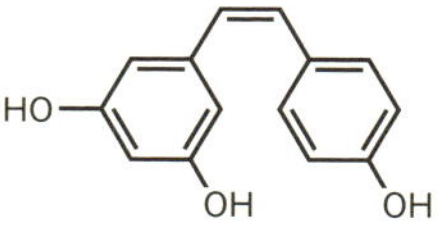

シス型レスベラトール

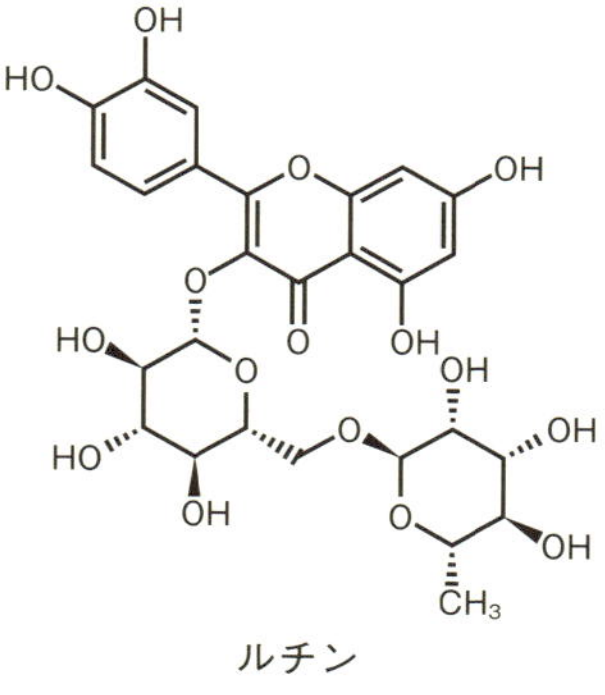

ルチン

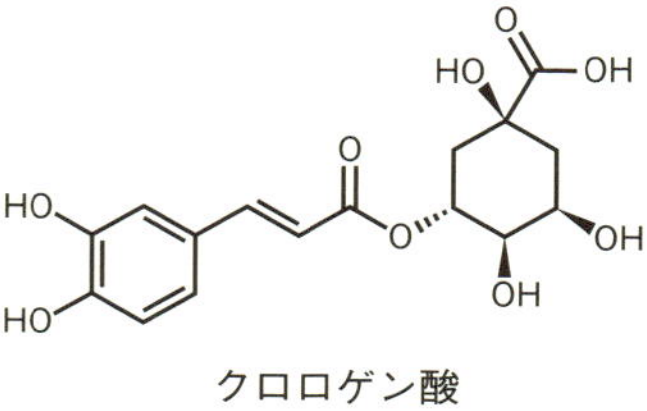

クロロゲン酸

いわれています。主な効果は女性ホルモンのバランス調整、美白、髪の毛の抜け毛の予防などです。日本食の豆腐、納豆、枝豆、味噌などはイソフラボンの宝庫です。

クロロゲン酸は、野菜などの苦味成分のポリフェノールです。

サポニンも同じ苦味成分のポリフェノールです。作用は代謝の活発、脂肪燃焼、抗がんなどがあります。主な野菜として、ブロッコリー、ピーマン、セロリ、フキなどがあげられます。

ソバに含まれているルチンには、血管強化、動脈硬化、高血圧予防　血流改善効果があります。ルチンはソバだけでなく、アスパラガスやクワの実、クランベリーや、柑橘類（特にオレンジやグレープフルーツ、レモン、ライムなど）の皮にも多く含まれています。

山菜のイタドリ、ベリー系の植物やリンゴの果皮、落花生の薄皮に含まれているレスベラトロールは、がんの予防、認知症の改善、糖尿病の予防、長寿・延命、肥満防止、動脈硬化の予防の他に、心血管疾患に効くという報告もあります。レスベラトロールには、化学構造の違いからトランス型、シス型という2種類の異性体があります。レスベラトロールの効果はシス型よりもトランス型の方が高いとの報告があります。

ポリフェノールを摂取することは高血圧や糖尿病、その先にある動脈硬化や老化、がんの予防になりますが、一方で、ポリフェノールの過剰摂取が起こることもあります。ポリフェノールは身体に蓄積されにくく、一度にたくさん摂取しても3～4時間程度で効果酸化力が失われますが、女性ホルモンに似た作用のある大豆イソフラボンは女性のホルモンバランスを崩すので、取り過ぎには注意が必要です。

肌の老化、血管の老化、疲労、ストレスの蓄積、がん細胞の増加など、人間も老化が進むと、健康を失いやすくなってしまいます。ポリフェノールの簡単・適度な摂取で、いつまでもいきいきとした美しい体を保っていきたいものです。

3 虫歯予防・抗アレルギーにも働くタンニン

タンニンは植物に広く含まれている高分子成分で、タンパク質と結合しやすく、渋味の原因物質として知られています。抗酸化作用をもつフェノールの仲間がポリフェノールとして広く記載されると、タンニンもポリフェノールの一つとして扱われるようになりました。

タンニンは、フラバノール骨格をもつ化合物が重合した「縮合型」と、没食子酸やエラグ酸などの芳香族化合物とグルコースなどの糖がエステル結合を形成した「加水分解性」の二つに分類されます。

タンニンの作用として、抗酸化の他にも、抗う蝕、抗腫瘍、抗鬱、抗アレルギー、抗菌などが知られています。

動物実験でタンニンはビタミンEより強い過酸化抑制作用が報告されています。この抑制効果は、フェノ

縮合型タンニン

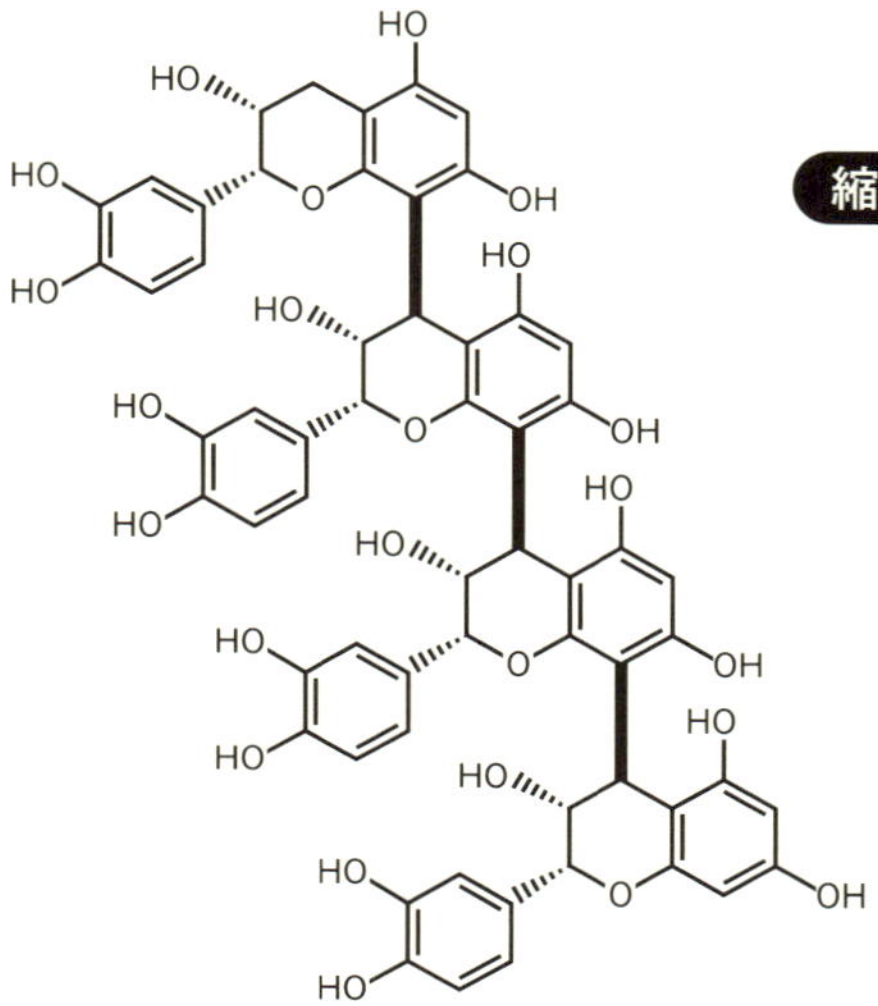

加水分解型タンニン

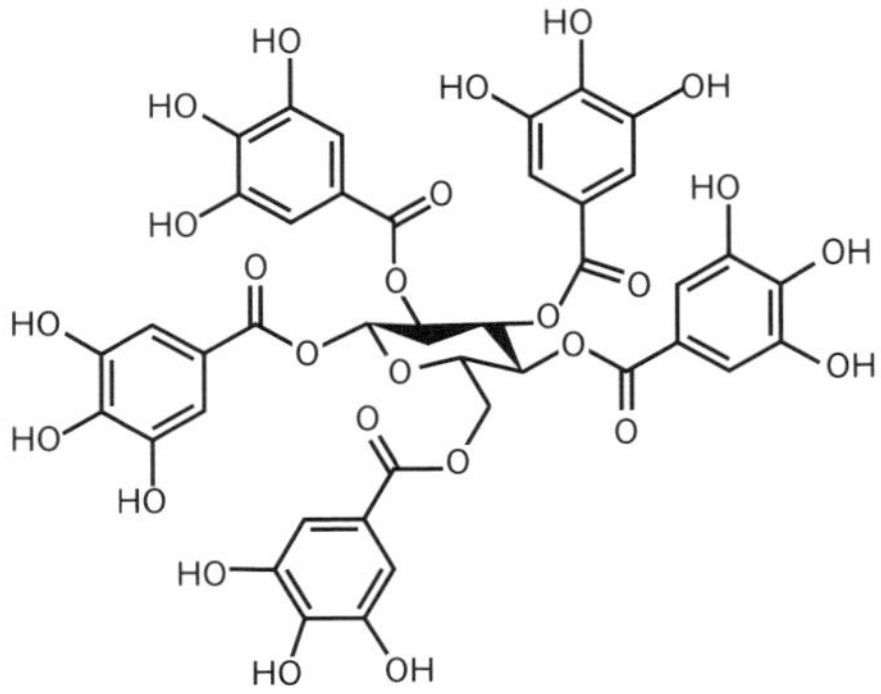

ール性水酸基から水素ラジカルを放出し、ラジカル（ＬＯＯ・）をオキシド（ＬＯＯＨ）に変えることでラジカル連鎖反応を停止させる結果であるとみられています。

虫歯菌が菌体外に出される酵素でスクロースから不溶性グルカンが形成する歯垢が虫歯の原因となりますが、加水分解性タンニンのプロトアントシアニジンに抗菌効果があることが認められています。

かゆみ、発心や気管支収縮のようなアレルギー症状は組織内の肥満細胞からヒスタミンが遊離されるのが原因です。このヒスタミン遊離抑制作用も加水分解性タンニンで認められていることから、抗アレルギー作用が期待されています。

人のがんは、多くの段階を経て発生するとされていますが、発がん過程を抑制できれば、がんは起こらないことになります。この作用も可溶性タンニンに認められています。

抗菌作用としては胃腸内のピロロ菌への殺菌作用も認められています。

4 辛味成分の果たす生体調節機能

辛味成分を含む野菜には、アブラナ科のワサビ、カラシ、ダイコン、ナス科のトウガラシ、ミカン科のサンショウ、ショウガ科のショウガ、ユリ科のネギやニンニクなどが挙げられます。これらの植物は香辛料として、また、野菜として古くからそれぞれの辛味の違いをうまく利用してさまざまな料理に応用されてきました。

これらの辛味成分は化合物の構造の特徴から、

①構造の中に硫黄（S）元素を含んでいる硫化アリルやアリルイソチオシアネートといったアリル化合物

②構造の中に窒素（N）元素を含んでいるアルカロイドに属する化合物

③その他の化合物

に分けることができます。

ワサビやクロガラシはともに擦りおろして利用されますが、この擦りおろすという操作が辛味に大きく関係しています。これらの植物内には、シニグリンという名前のからし油配糖体（グルコシノレート）が存在します。この成分は、擦りおろされる際に酸素に触れ、細胞内にある酵素ミロシナーゼの作用でアリルイソチオシアネートという成分に変化します。このアリルイソチオシアネートが辛味成分で、揮発性で刺激性が強いため、舌や鼻へのツーンとした刺激があります。一方、シロガラシは、シナルビンというグルコシノレートを含み、酵素ミロシナーゼにより不揮発性で刺激がない4-ヒドロキシベンジルイソチオシアネートを生じます。

なお、ダイコンにも同様の成分があるため、大根おろしを作る際には荒いおろし金でできるだけ細胞が壊れないようにおろした方が辛味の少ない大根おろしを作ることができます。

ネギやニンニクの辛味成分は、硫化アリル（ジアリルスルフィド）という骨格の成分です。ニンニクを刻むと細胞が破壊され、アリナーゼという酵素が働き、ニンニク中に存在していたアリインが分解され、アリシンというニンニクの独特な芳香の原因となる成分が生じます。

アリル化合物の辛味成分は、もともと植物体中に存在している成分が、植物の組織が破壊されて細胞から酵素が放出されることによってその酵素作用で分解して生じます。そのため、酵素の活性が強くなる条件で加工した方が、例えばワサビやカラシは冷たい水の中よりぬるま湯の中でおろした方が辛味が増します。また、アリル化合物は揮発性のものが多く、辛さを和らげるにはお茶などの熱い飲み物を飲んで揮発成分を早く除いた方が良いとされます。

トウガラシがカプサイシンという辛味成分を含んでいることはよく知られています。このカプサイシンの辛味はコショウやショウガの辛味成分の１００倍以上強いとされています。

トウガラシを用いた料理を食べると汗が出て、舌には熱さや痛さに似た刺激を受けます。カプサイシンは体内に吸収されると、脳に運ばれて内臓感覚神経に働き、副腎からのアドレナリンの分泌を活発にさせ、その結果、体内の脂肪の燃焼が促進され体温を上昇させ、発汗を促します。また、消化器の粘膜を刺激して消化液の分泌を増やしたり、唾液の分泌を促進して食欲を増進させるとともに、腸の蠕動運動を促進して腸からの吸収も増やすと考えられています。

ショウガにはギンゲロールやショーガオール、サンショウにはサンショオールなどの辛味成分が含まれています。

ショウガは辛味と同時に独特の芳香ももち，生でも乾燥しても利用されます。冷ややっこにおろしショウガを添えたり、煮魚の臭い消しに加えられたりします。ショウガの根茎は漢方薬の材料としても多用され，甘草に次いで最も汎用される生薬の一つです。近年では、身体を温める目的でショウガ湯としても利用されています。

サンショウの辛味成分はサンショオールで、辛味と

アリル化合物の辛味成分

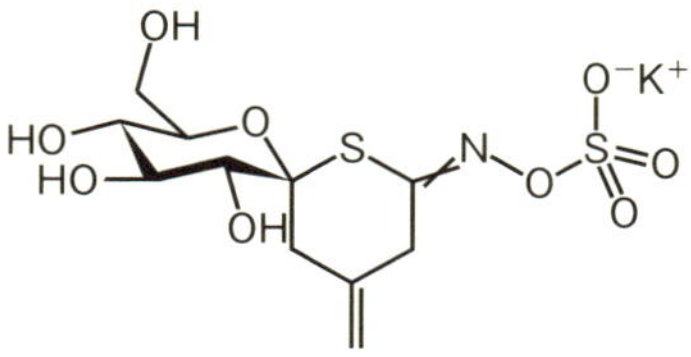

シニグリン

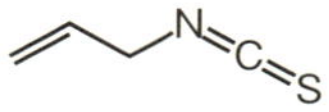

アリルイソチオシアネート

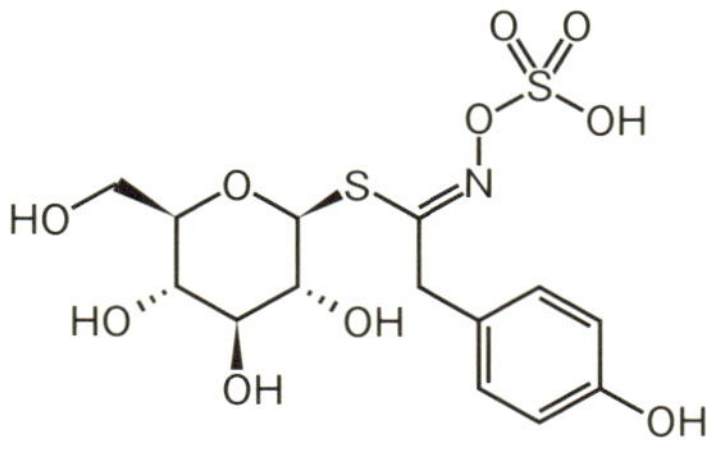

シナルビン

二硫化アリル

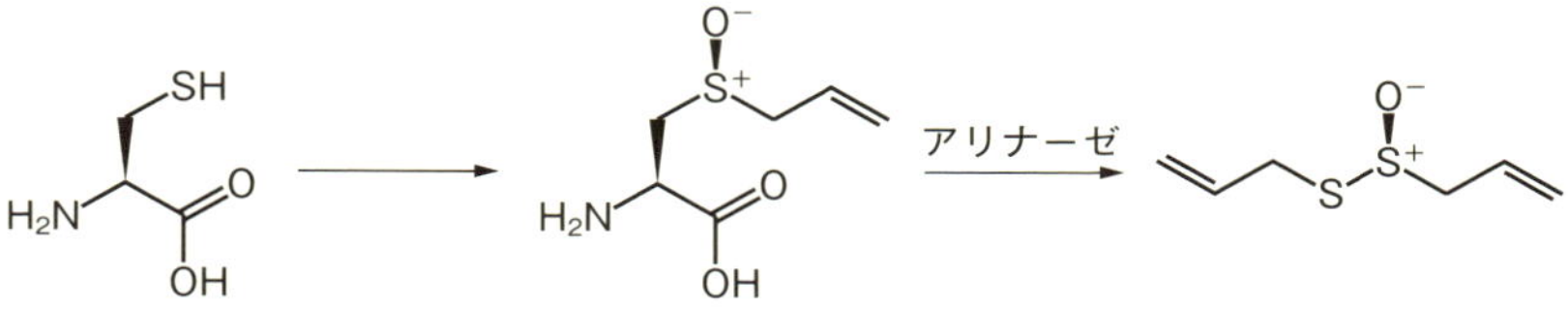

システン　　アリイン　　アリシン

同時に，舌の先をしびれさせます。この成分は果実のみではなく植物体全体に含まれており、春には新芽を木の芽と称し、未熟な果実は実ザンショウとして、完熟して果実の果皮を乾燥したものは粉末にして料理に利用されます。完熟果皮は，生薬として漢方薬の大建中湯に配合されます。

ところで、四川料理の代表格である麻婆豆腐や担々麺の辛味がトウガラシとサンショウの仲間のカホクザンショウの果実の辛味であることをご存知でしょうか。カホクザンショウは花椒、蜀椒などの名称で呼ばれ、辛味成分としてヒドロキシ-α-サンショオールを含有しています。

アルカロイドに属する辛味成分

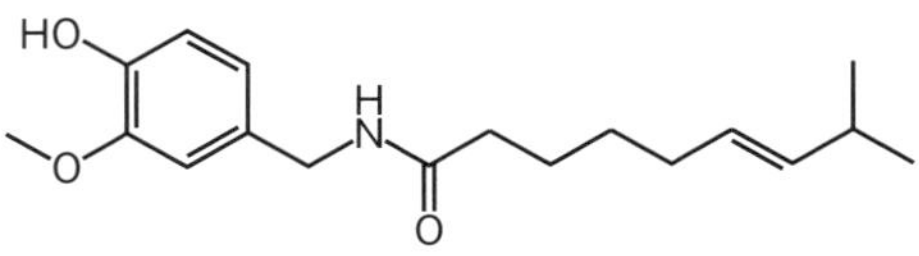

カプサイシン

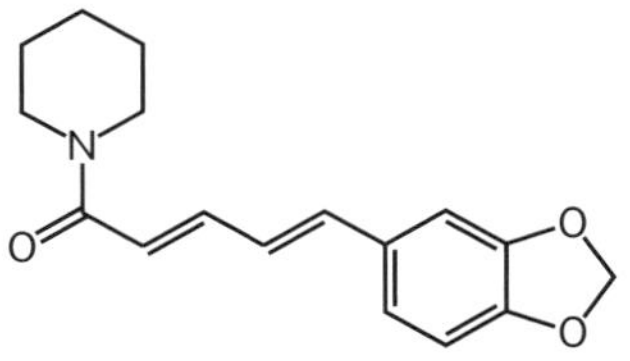

ピペリン（コショウの辛み成分）

その他の辛味成分

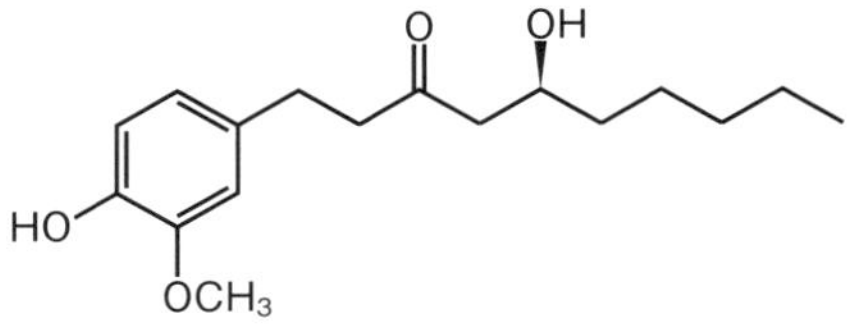

ギンゲロール

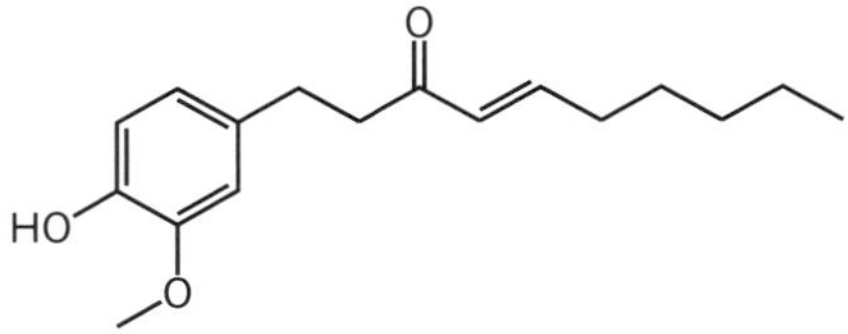

ショーガオール

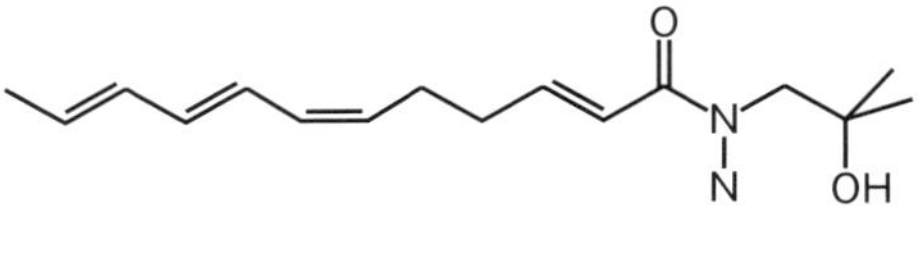

ヒドロキシ-α-サンショオール

5 甘味成分の果たす生体調節機能

甘味成分の糖類は、植物では光合成でブトウ糖を作り、フルクトースが結合して2糖類の砂糖を作ります。単糖が2個から10個程度結合したものが「オリゴ糖」です。オリゴ糖は、体内の胃や小腸にある消化液や消化酵素では消化吸収されず、大腸に達します。大腸でオリゴ糖は善玉細菌のエサとなり、善玉細菌を増してお腹の調子を整えることを目的とした様々な機能性食品に使われています。オリゴ糖を含む野菜は、キャベツ、大豆、たまねぎ、ゴボウ、ジャガイモ、ニンニク、トウモロコシなどです。

単糖が20個以上重合したものが多糖です。グルコースだけで作られている多糖類でもそのつながり方の違いから、デンプン（アミロース、アミロペクチン）、グリコーゲン、セルロースなどになります。

いろいろな糖が結合したものが糖鎖です。糖鎖は糖同士だけでなく、タンパク質や脂質その他の低分子とも結合して多様な分子を作り出します。これら糖タンパク質、糖脂質は生体内で重要な生理作用を担います。

糖鎖は細胞の表面に産毛状に付いています。これがレセプター（受容体）といわれる物質で、1つの細胞の表面に約５００本から最大10万本も存在しているといわれています。細胞同士をつなげ情報を伝達し、それぞれの細胞の働きをコントロールしているのが糖鎖なのです。神経細胞の表面に糖鎖があるので、脳のネットワークがうまく動くわけです。血液型の違いは、末端に付いている糖質が異なることで決まります。

植物に関しての糖鎖の役割はまだ解明されていませんが、植物の糖鎖が徐々に知られてきました。糖鎖の構成糖はグルコース、ガラクトース、マンノース、フコースおよびキシロースで、これらの組合せで糖鎖が

単糖類のグルコース

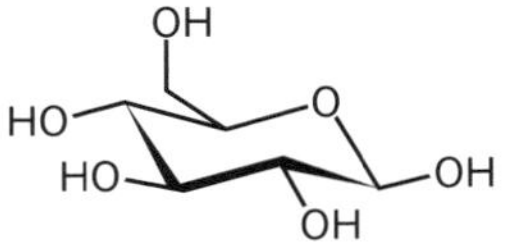

二糖類のスクロース

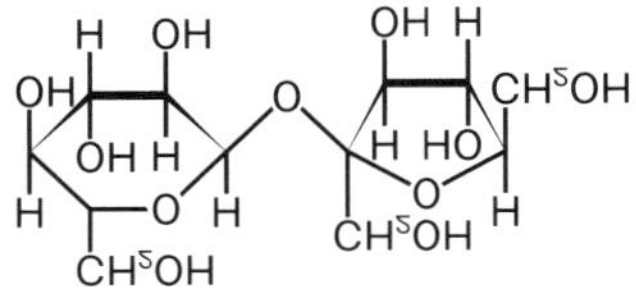

ヘミセルロース

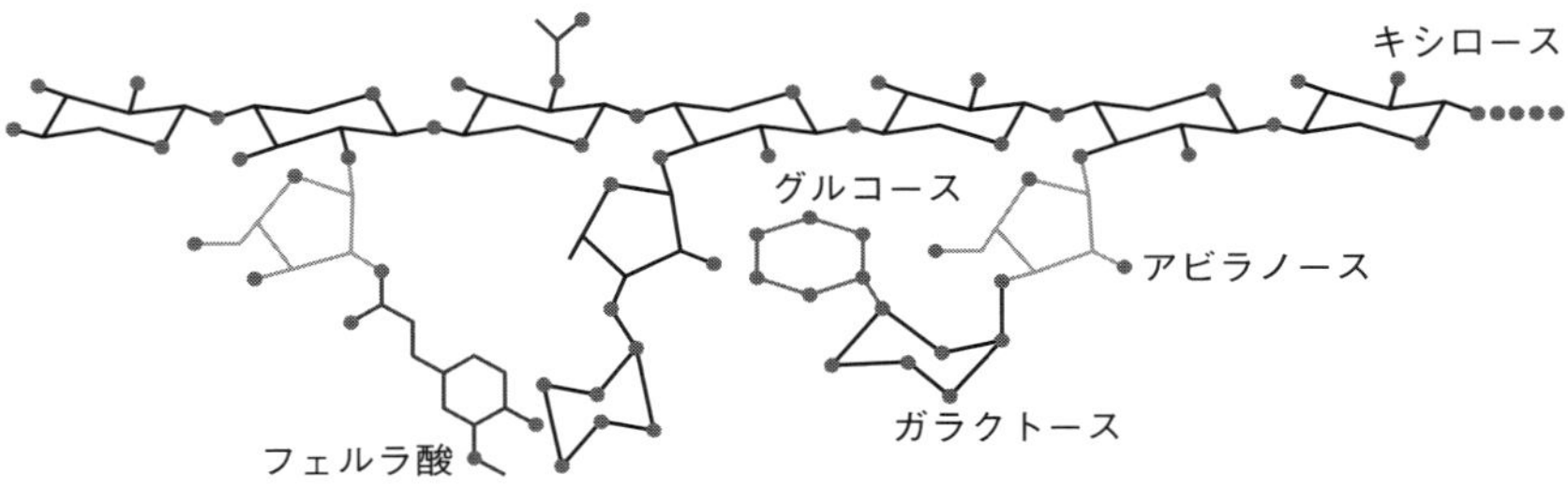

できています。食物繊維の一種であるヘミセルロースも糖鎖で、トウモロコシの種子に含まれています。

１９７０年頃、アメリカでは糖分の過剰摂取による肥満や糖尿病の予防が話題となり、砂糖でない甘味料の研究が盛んに行われました。日本でも１９８５年頃、国立衛生試験所はパラグアイからキク科の野菜ステビアを入手して国内栽培を行い、甘味と苦味をもったステビオサイドという成分が発見されました。広島大学で苦味のないレバウディオサイドが見つけ出され、ダイエットシュガーとして利用されています。

ステビアサイドに似た甘味成分はキイチゴ類のテンチャから発見されました。ウリ科の果実ラカンカからはトリテルペノイド配糖体のモグロサイドVが発見されています。

6 匂い成分の果たす生体調節機能

野菜の嗜好的機能には鼻で感じる匂いもあります。匂いには良い匂いと不快な匂いがありますが、これらは比較的簡単な化合物であるようです。

イオウ化合物を含むネギやタマネギには、メチルプロピルジスルフィド、ジプロピルジスルフィドなどのスルフィド類が含まれ、独特の刺激臭を形成しています。タマネギの特徴として、刻んだときの催涙性が挙げられますが、これはS-1-プロペニルシステインスルフォキサイドがアリイナーゼという酵素によって分解されることで生じたチオプロパナールS-オキシドによるものです。

キャベツの独特の甘い香りは、イソチオシアネートというイオウ化合物の一種です。ニンニクの独特の匂いやワサビのツンとした香りもイオウ化合物が作り出しています。

タマネギの匂い成分

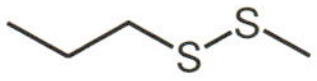

メチルプロピルジスルフィド

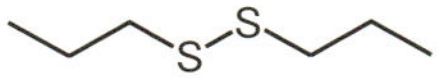

ジプロピルジスルフィド

ホウレンソウの青臭さの匂い成分

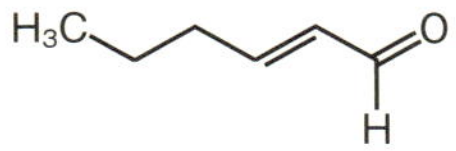

トランス-2-ヘキセナール

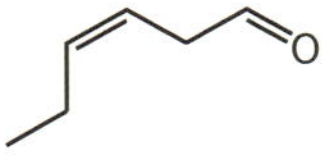

シス-3-ヘキセノール

ホウレンソウは、葉の青臭さの匂いにはトランス-2-ヘキセナールやシス-3-ヘキセノール、根の甘い香りにはβ-イオノンが含まれています。

ミョウガの香りには、α-ピネンやβ-ピネンのモノテルペノイドと窒素を含んだピラジン環の誘導体のメトキシピラジンもあります。

ミツバ特有の香りにはモノテルペンのミルセンやβ-ピネン、またセスキテルペンのβ-セリネンやα-セリネンなどの成分が含まれています。これらの成分には、ストレス解消や不眠症の改善に役立つ鎮静効果の他、健胃・消化促進・食欲増進の効果があるといわれています。

サツマイモの香気には、モノテルペノールでは、リナロール、α-テルピネ、ネロール、ゲラニオール、シネオールス、セスキテルペンではカジネンがあります。焼き芋では、甘い匂いのフルフラールの他、アセチルフラン、5-メチル-2-フルアルデハイド、フェニルアセトアルデハイド、β-イオノンなどが含まれています。

トマトの青い匂いには、さわやかな青葉のような香りを持つシス-3-キセナールをはじめ、ヘキセナール、トランス-2-ヘキセナールなどのグリーンノートが含まれています。また、非常に微量ですが、土様の匂いをもつ2-イソブチルチアゾールという窒素と硫黄を含んだ化合物も含まれています。

キュウリの香りの特徴は、何と言ってもその青さでしょう。その香気の主な成分は2、6-ノナジエノールと2、6-ノナジエナールです。その他にもノナノール、ノナナールなど炭素の鎖が9個つながった化合物のアルコールやアルデヒドがキュウリの香りを形づくっています。

シュンギクの茎葉の香気成分として、α-ピネン、カンフェン、β-ピネン、p-サイメン、β-ミルセン、β-ファルネセン、ベンズアルデヒド、ベンジルアルコール、リナロールなどが報告されています。

セロリの香気成分は、リモネン、セリネン、ミルセン、α-ピネン、β-ピネン、ブチルフタライドなどで、特徴的なものはジヒドロフタライド類です。フタライド化合物は、血管拡張作用、血流促進効果をもつことが知られています。

ミョウガの匂い成分

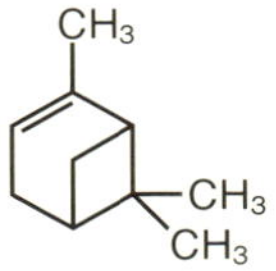

α-ピネン

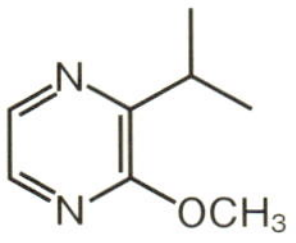

メトキシピラジン

ミツバの匂い成分

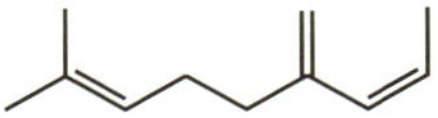

ミルセン

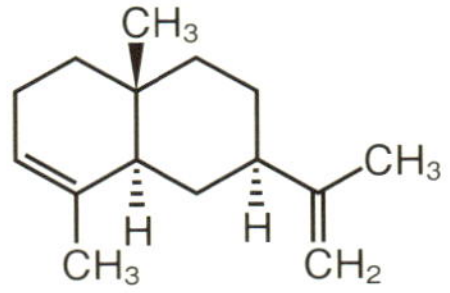

α-セリネン

サツマイモの匂い成分

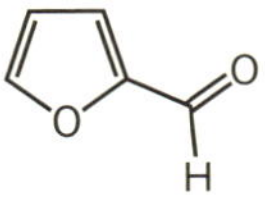

フルフラール

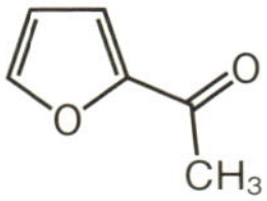

アセチルフラン

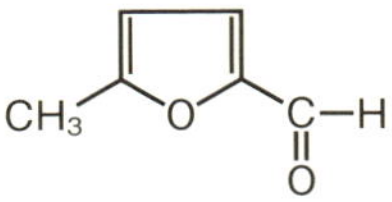

5-メチル-2-フルアルデハイド

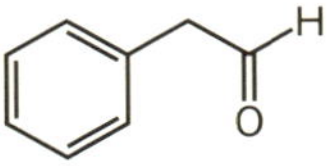

フェニルアセトアルデハイド

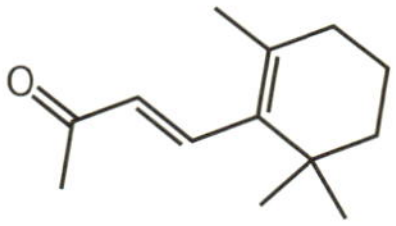

β-イオノン

トマトの匂い成分

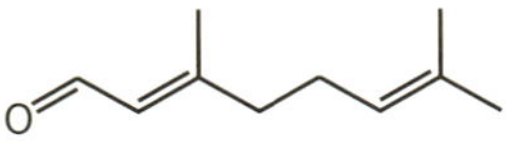

シトラール

ヘキサノール

ヘキサナール

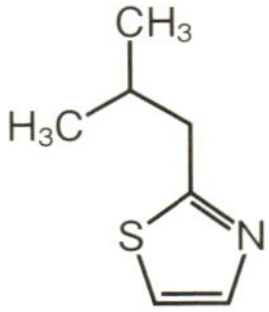

2-イソブチルチアゾール

キュウリの匂い成分

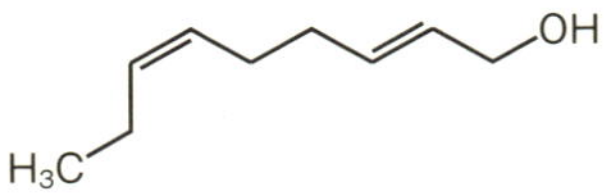

6-ノナジエノール

2、6ノナジエナール

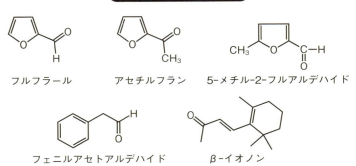

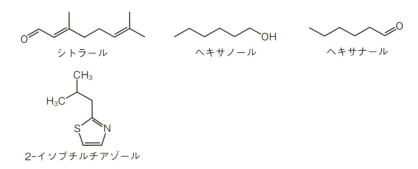

コリアンダーの匂い成分

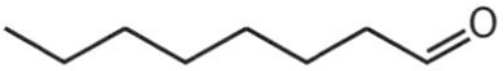

カプリアルデヒド（オクタナール）

フェネルの匂い成分

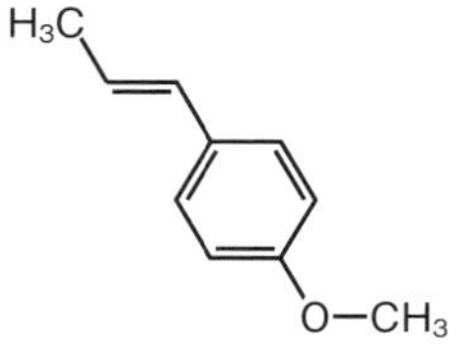

アネトール

ハッカの匂い成分

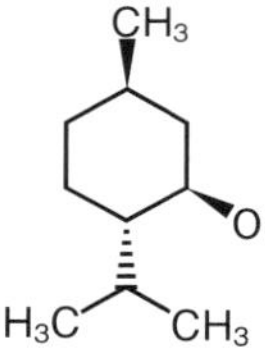

メントール

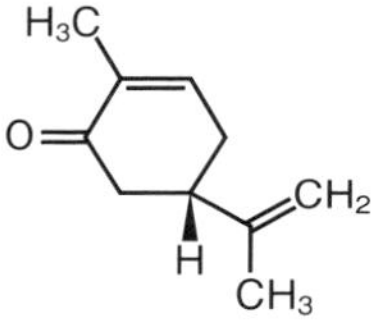

カルボン

カメムシの匂いがするとされているコリアンダー（香菜）には、モノテルペンのカプリアルデヒド（オクタナール）やコリアンドロール（d-リナロール）が含まれています。。

良い香りのスペアミントやハッカには、モノテルペンのメントールやカルボンが含まれています。これらの成分には、胃の働きを活発にする作用や、リラックス効果があります。

フェネルと呼ばれるウイキョウには、アネトールが含まれています。アネトールは女性ホルモンと似た働きをして、生理不順や更年期障害などさまざまな女性特有のトラブルに役立ちます。また消化活動を助けたり、身体を浄化したりする作用にも優れています。

柑橘類の香りは、ほとんどがモノテルペンのリモネンです。リモネンには脳内でリラックス時に出現するα波が出ることからリラックス効果があるとされています。また、交感神経を刺激させ、新陳代謝が活発になります。このため眠気を覚まし、頭をすっきりさせる効果が期待されています。免疫細胞の働きを整えて、免疫力を高めることが知られています。

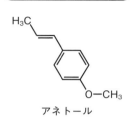

7 新しい機能性表示制度で野菜も機能性を表示可能になる

２０１３年６月、政府は規制改革実施計画を閣議決定しました。規制改革会議では、健康・医療分野において、一般健康食品の機能性表示を可能とする仕組みの整備が報告されました。

保健機能を有する成分を含む加工食品および農林水産物について、米国のダイエタリーサプリメントの表示制度を参考にし、国ではなく企業の責任において、企業が自らその科学的根拠を評価した上で機能性の表示を容認する新たな方策と一定のルールの下で、安全性の確保（生産、製造及び品質の管理、健康被害情報の収集）も含めた運用が可能な仕組みを検討することになりました。これを受けて２０１５年４月より「食品表示法」が施行され、従来からあった栄養機能食品、特定保健用食品（トクホ）に加えて「機能性表示食品」が新たに規定されました。

食品表示法で「機能性表示食品」は、疾病に罹患していない者に対し機能性関与成分によって健康の維持および増進に資する特定の保健の目的が期待できる旨を科学的根拠に基づいて容器包装に表示をする食品とされます。

当該食品に関する表示の内容、事業者名および連絡先等の事業者に関する基本情報、安全性および機能性の根拠に関する情報、生産・製造および品質の管理に関する情報、健康被害の情報収集体制その他必要な事項は販売日の60日前までに消費者庁長官に届け出なければなりません。

この新しい機能性表示制度は、加工食品だけでなく、野菜のような生鮮食品も対象となります。

機能性表示食品の安全性の確保やオンライン手続きへの移行に対応するため消費者庁は、「機能能性表示

食品の新たな機能性表示制度

	医薬品	食品			
		保健機能食品			一般食品
経口的摂取製品	処方薬、OTC薬、（医薬部外品を含む）	栄養機能食品	特定保健用食品	機能性表示食品	いわゆる健康食品
効能効果、機能性表示	1. 疾病の処置、治療、緩和、予防 2. 構造・機能表示	構造・機能表示	1. 構造・機能表示 2. 疾病リスク低減表示	構造・機能表示	—
効果／機能性表示内容、安全性の評価・決定	国	国	国	企業	—

食品制度における機能性関与成分の取扱い等に関する検討会」で機能性表示食品の届出ガイドラインを改正し、２０１６年４月より施行しました。

改正点は、安全性については、

①食薬区分の「専ら医薬品として使用される成分本質（原材料）リスト」に含まれる成分でないこと

②食品衛生法に基づく販売禁止措置などの対象になっているかどうか

③特定保健用食品の安全性審査の有無

が確認されます。また、これまでの届出で不備が多かった点に対応するため、添付資料の記載方法や様式が修正されました。

（株）トライステージは、２０１５年11月末時点の「消費者庁ホームページに掲載されている「機能性表示食品の届出情報」にある１４９品を対象にして集計・分析しました。それによると、機能性表示食品の訴求ポイントは、１位が「中性脂肪」（26品）、２位が「目」（22品）、３位が「内臓脂肪」（21品）、４位が「血糖値」（18品）、５位が「整腸」（16品）となっています。

第2章
機能性成分は植物生体内でこうしてつくられる

8 機能性成分は野菜自体には何の役割もない？

植物に含まれる成分には、「一次代謝産物」と「二次代謝産物」があります。一次代謝産物は、糖類、脂質、タンパク質（アミノ酸）や核酸など生命維持のために必要な物質です。

植物成分の生成は、糖類に始まります。糖類は、緑色植物が太陽のエネルギー（光）を利用して水と二酸化炭素から合成されます。植物のみならず地球上のほとんどすべての生物のエネルギー源となっています。

脂質はエネルギー貯蔵や生体膜成分として機能し、その化学構造の違いによって脂質の性質はきわめて多岐にわたります。

タンパク質はアミノ酸から作られています。アミノ酸が一列に結合したものを「ペプチド」と呼び、さらに長く結合したものを「タンパク質」と呼びます。

一次代謝産物を生合成する経路は、すべての植物で普遍的に存在し、これら一次代謝産物は二次代謝産物の原料として用いられます。

多くの場合、野菜の機能性を示すのは二次代謝産物です。機能性成分として挙げられるフラボノイド、タンニンやメントールなどがそれです。ところが、二次代謝産物は植物にとって必ずしも必要なものというわけではありません。植物が何の目的でこのような化合物を作っているのかは解明できていません。

一方で、我々人間はこれら二次代謝産物には多大なる恩恵を受けています。例えば、医薬やまたは栄養としてです。我々人類は長い歴史の中で、食料として、また医薬として多くの植物を利用してきました。植物を正しく利用するためには、植物の分類は必要不可欠です。食べられるもの、医薬として利用できるもの、毒をもつものなど、多くは外部形態による分類を基に

一次代謝と二次代謝の相互関係

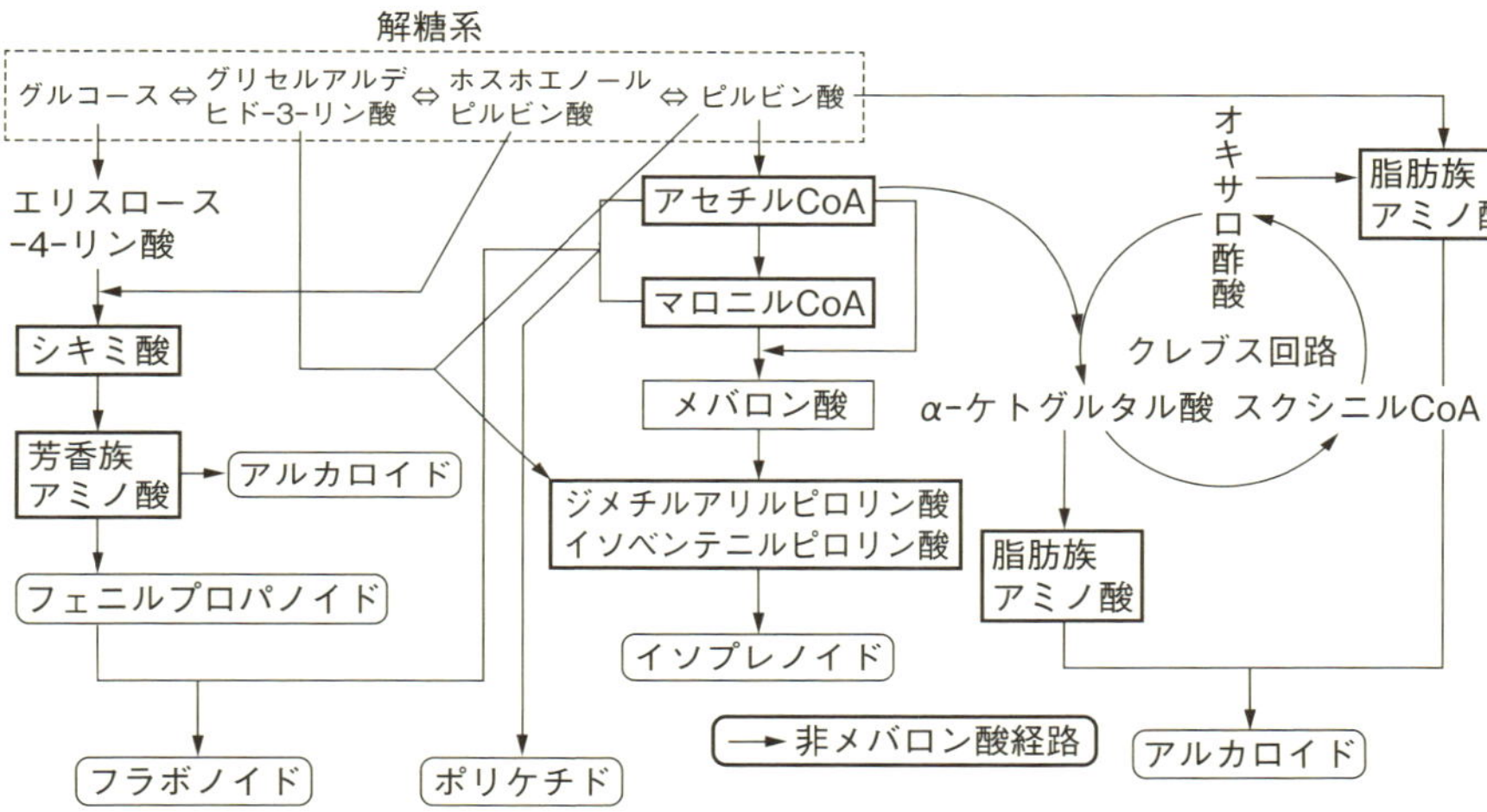

整理されてきました。近年、科学技術の発展に伴い、成分、遺伝子など莫大な情報が得られるようになりました。特に植物の二次代謝産物は、その植物を特徴づけるものが多く、外部形態による分類が困難な場合、その分類の一助となります。このような分類の手法を「ケモタキソノミー」といいます。「ケモ」は化学を指す接頭語で、「タキソノミー」は分類を意味する造語です。

二次代謝産物が作られる経路には、いくつか代表的なルート（経路）があり、遺伝子によって制御されています。また、単純な構造の化合物から、より複雑なものまで、その構造を理解するためには、基本となる生合成経路を知ることが重要となります。

代表的な生合成経路には、「酢酸-マロン酸経路」、「メバロン酸経路」、「シキミ酸経路」があります。機能性物質の多くは、これらの生合成経路、もしくはいくつかの経路が組み合わさった複合経路によって作られます。また、特に生理活性の強い窒素を含む化合物を「アルカロイド」と称し、多くはアミノ酸を出発物質とした「アミノ酸経路」によって生合成されます。

9 ポリケチドをつくる酢酸ーマロン酸経路

アセチルコエンザイムＡとマロニルコエンザイムＡは、生体内では一次代謝産物である脂肪酸の前駆体とされます。アセチルコエンザイムＡとマロニルコエンザイムＡはアシルキャリヤープロテイン（ＡＣＰ）に結合し、脱炭酸を伴う縮合が起きてジケチド体のアセトアセチル誘導体を生成します。この時、ケトン基の還元、脱水あるいはその結果生成する二重結合の還元も起きます。以上の反応が繰り返されて脂肪酸が合成されます。

通例、脂肪酸鎖が偶数（ステアリン酸：C_{18}、パルミチン酸：C_{16}）であるのは、アセチルコエンザイムＡにマロニルコエンザイムＡに由来する炭素が２個単位で結合する生合成経路で生成するからです。

一方、ケトンの還元を伴わずにC_2の炭素鎖の延長が進行した場合、「ポリケチド」と称する非常に反応性の高い中間体を生成します。多くの場合、ポリケチドはアルドール型の縮合環化反応が起きて様々な芳香族化合物に変換されます。

代表的なポリケチド由来の二次代謝物としてアントラキノン、アンスロンが挙げられますが、アセチルコエンザイムＡと７個のマロニルコエンザイムＡから生成したオクタケチドに由来するものです。

オクタケチドの閉環によりまず生成するのはアンスロンであり、脱炭酸、酸化を経てアントラキノンとしてもっとも広く分布するエモジンを生成します。アンスロンのメチレン部は反応性が高く、瀉下作用のあるアンスロンの二量体、センノシド類や、エモジンアンスロンの二量体がさらに脱水素されたヒペリシンなどがあります。ヒペリシンではさらに酸化カップリングが進行して完全に共役化しており、光増感物質として

脂肪酸の生合成

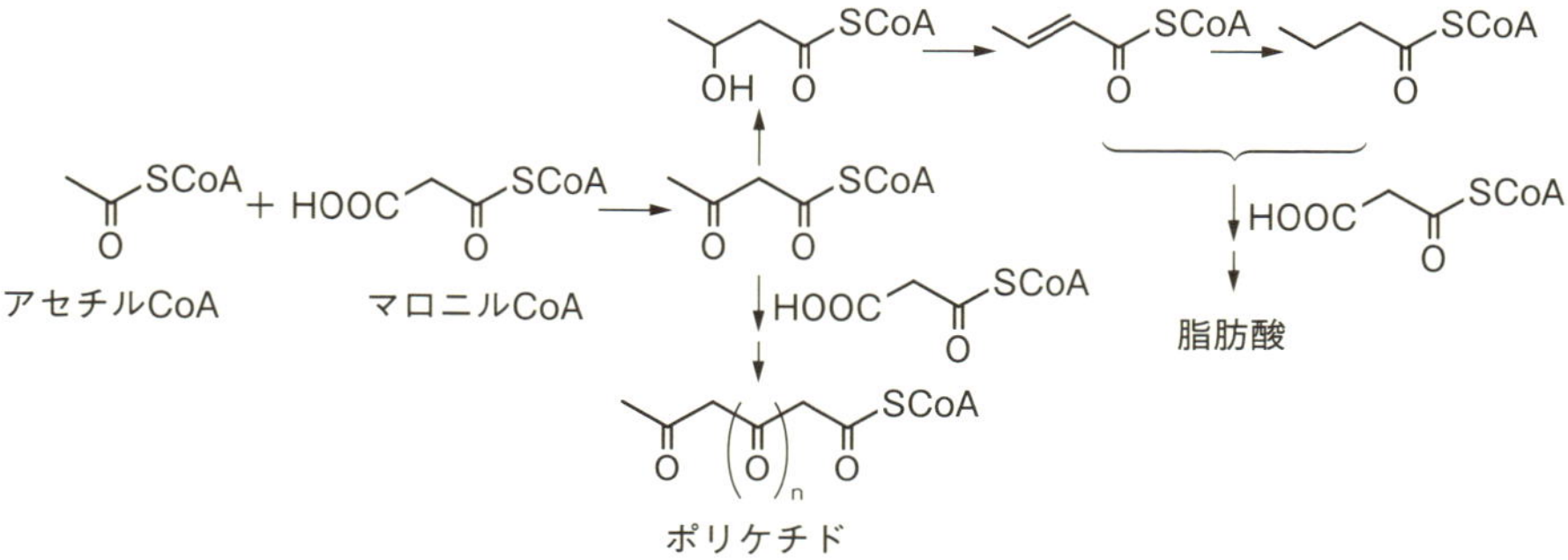

オクタケチド

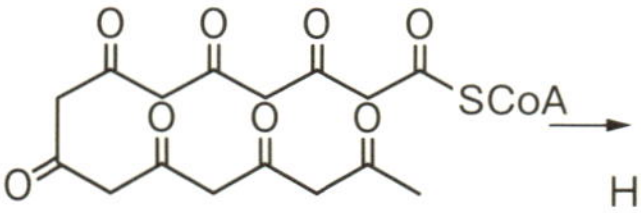

アンスロン

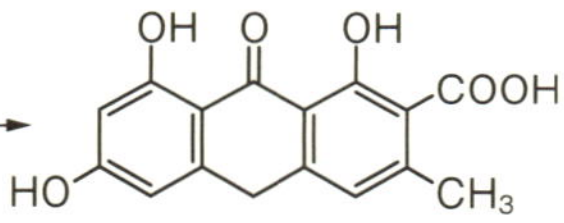

エモジン

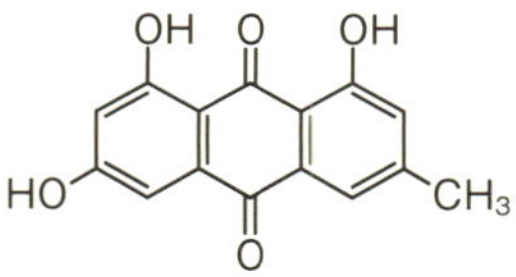

二重体のヒペリシン

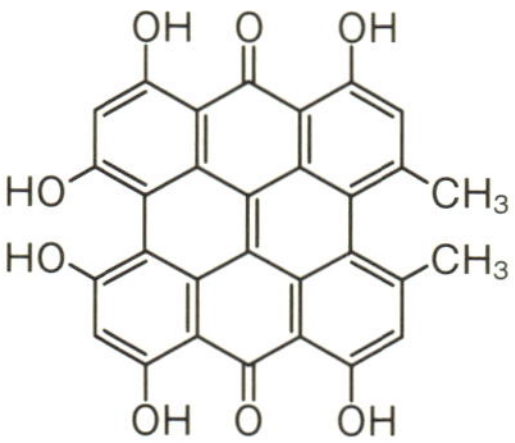

の性質をもっています。ソバの茎葉にファゴピリンというヒペリシンに2分子のピペリジンが結合した特異なアルカロイドが含まれますが、やはり共役ビスアンスロン環に基づく光増感作用があります。酸素−マロン酸経路とアミノ酸のリシンを前駆体化したアミノ酸経路の複合経路によるものです。

一般に、ポリケチド由来の二次代謝産物の多くはその構造にポリケチド特有の特徴を残しています。

10 イソプレノイドをつくるメバロン酸経路

テルペンはイソプレン（C_5）を構成単位とする炭化水素で、植物や昆虫、菌類などによって作り出される生体物質です。モノテルペン（C_{10}）はバラや柑橘類のような芳香をもつものが多く、香水などにも利用されます。リモネンはレモンなど柑橘類に含まれる香気成分であり、メントールはハッカなどに含まれます。

スクアレンやコレステロールはメバロン酸（イソプレノイド）経路により生合成されます。また、植物色素として知られるカロテノイドもテルペノイドです。同様にビタミンA、D、E、Kもテルペノイドに由来します。

テルペノイドの生合成は、左頁の図に示すようなメカニズムで、ジメチルアリルニリン酸（DMAPP）にイソペンテニルニリン酸（IPP）が縮合してDMAPPのリン酸が脱離し、C_{10}単位のゲラニルニリン酸（GPP）を生成し、モノテルペン（C_{10}）やイリドイドの前駆体となります。GPPを頭として1単位のIPPが縮合するとファルネシルニリン酸（FPP）となり、同様にゲラニルゲラニルニリン酸（GGPP）、ゲラニルファルネシルニリン酸（GFPP）がつくられ、それぞれセスキテルペン（C_{15}）、ジテルペン（C_{20}）、セスターテルペン（C_{25}）の前駆体となります。トリテルペン、ステロイドは2単位のFPPが尾-尾縮合してできるスクワレンを経て生合成されます。同様に、2単位のGGPPが尾-尾縮合しC_{40}のイソプレン鎖を生成し、カロテノイドの生合成前駆体となります。

因みに「モノ」、「セスキ」、「ジ」、「セスター」、「トリ」は1、1・1／2、2、2・1／2、3の意味であり、それぞれの骨格の炭素数を10で割った値に等しくなります。

メバロン酸の生合成

メバロン酸 → 5-ホスホメバロン酸 → 5-ジホスホメバロン酸

-OP : -O-P(=O)(OH)-OH
-OPP : -O-P(=O)(OH)-O-P(=O)(OH)-OH

ジメチルアリル二リン酸（DMAPP） ⇌ イソペンテニル二リン酸（IPP）

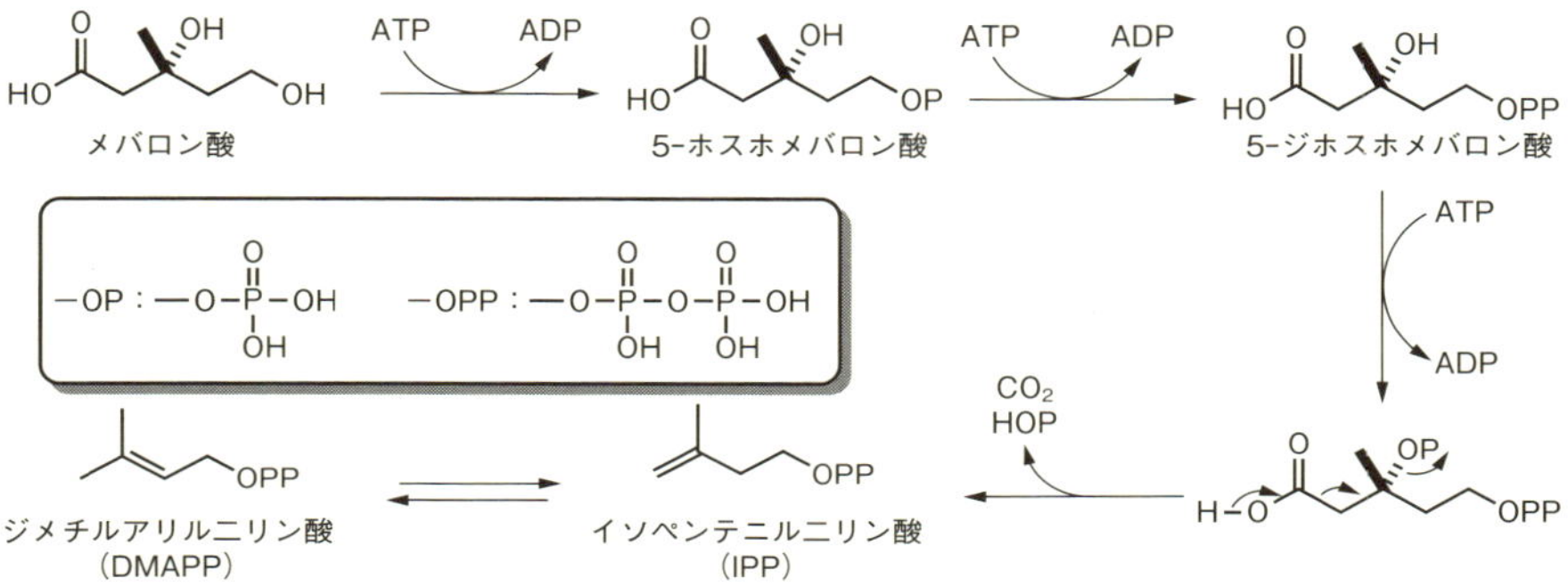

各種イソプレノイドの生合成

イソペンテニル二リン酸（IPP）
ジメチルアリル二リン酸（DMAPP）

→ ゲラニル二リン酸（GPP） → モノテルペン

$OPP = -O-P(=O)(OH)-O-P(=O)(OH)-OH$

→ ファルネシル二リン酸（FPP） → セスキテルペン

→ スクアレン → トリテルペン／ステロイド

→ ゲラニルゲラニル二リン酸（GGPP） → ジテルペン

→ フェトエン → カロテノイド

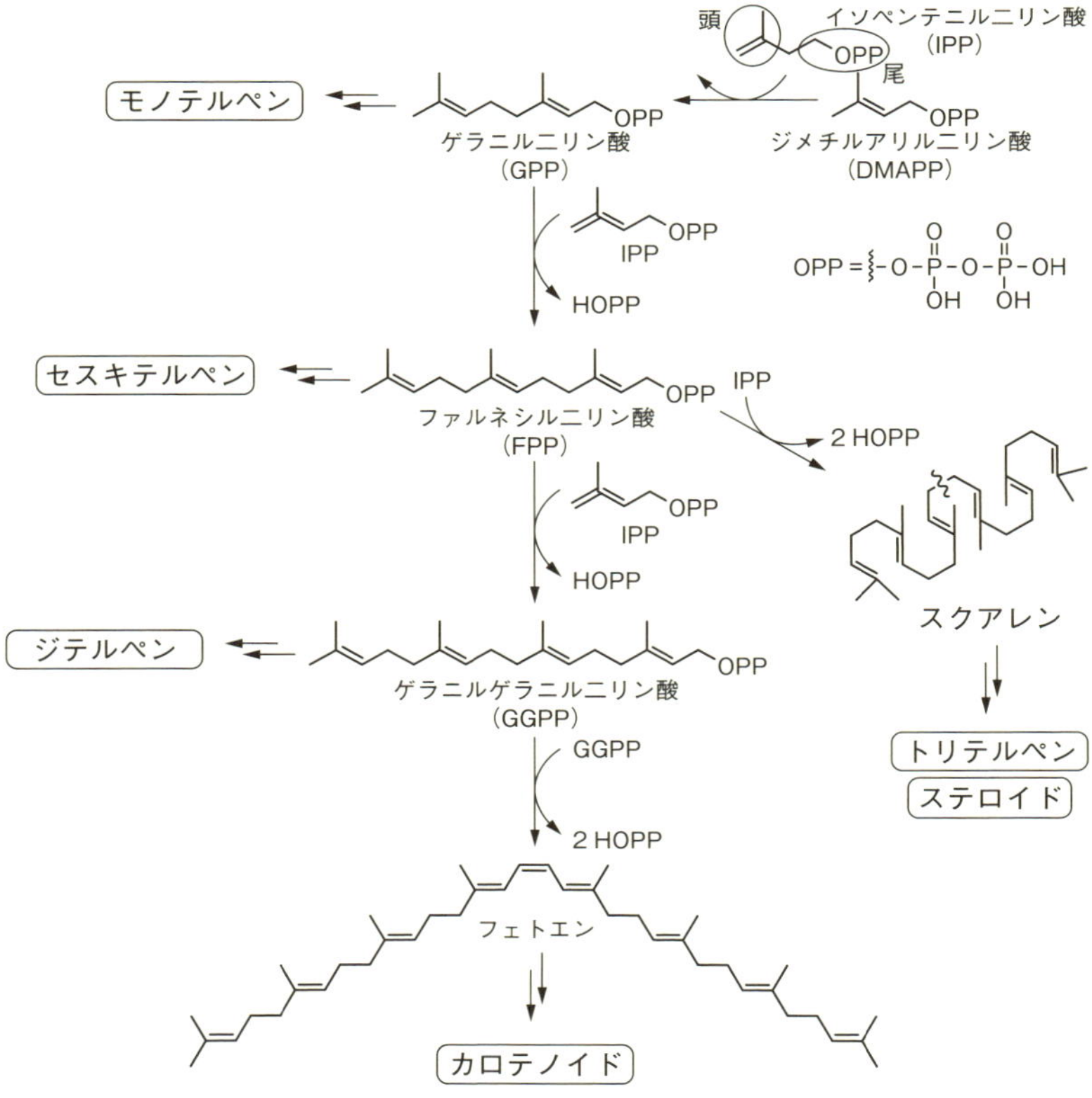

11 セサミンをつくるシキミ酸経路

フェニルプロパノイドは、フェニル基に3個の炭素鎖（プロパン）が結合した構造を基本とし、生合成的にはシキミ酸を共通の前駆体とし、アミノ酸のフェニルアラニン、チロシンを経て生合成されます。もっとも単純なフェニルプロパノイド（C_6-C_3）としてケイヒ酸があります。プロパン基の反対の位置（パラ位）に水酸基（OH）をもつp-クマル酸に3単位のマロニルコエンザイムAが結合してできたC_6-C_3-トリケチドはフラボノイドやスチルベンへ誘導されます。ケイヒ酸およびその誘導体は側鎖部の二重結合がβ酸化を受けると安息香酸や没食子酸となり、さらに様々な二次代謝産物へ誘導されます。

バニラの芳香成分バニリンはその一例です。ほかにp-クマル酸は2位への水酸基の導入を経てクマリンへ誘導され、また3位への導入でカフェ酸となり、アクテオシド、クロロゲン酸、ロスマリン酸などの抗酸化性ポリフェノールやタンニンのように結合（縮合）して高分子となったものもあり、これもフェニルプロパノイドの仲間です。

単純フェニルプロパノイドのうち極性の低いものは精油成分として存在します。チョウジ油のオイゲノール、ニッケイの芳香成分であるケイヒアルデヒド、ウイキョウのアネトールが代表的なものであり、それぞれが精油中の大半を占める主成分であり原料化合物としても重要です。

複数のフェニルプロパノイドが結合して、コニフェリルアルコールを経てラジカル反応メカニズムによりリグナンや繊維組織であるリグニンを生成します。

ゴマに最も多く含まれているリグナンには、セサミンとセサモリンがあり、とても強力な抗酸化作用があります。その他にも血中のコレステロールの低下や、抗アレルギー作用、アルコール分解の促進、血圧の低下、がん細胞の増殖の抑制、肝機能の改善などいろいろな効能があります。

フェニールプロパロイド

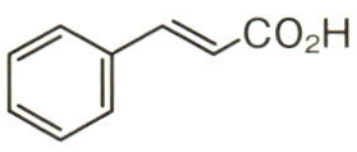

ケイヒ酸

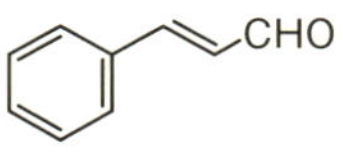

ケイヒアルデヒド

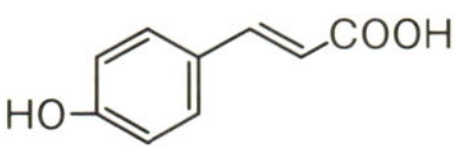

p-クマル酸

（ニッケイの成分）

芳香族ポリケチド

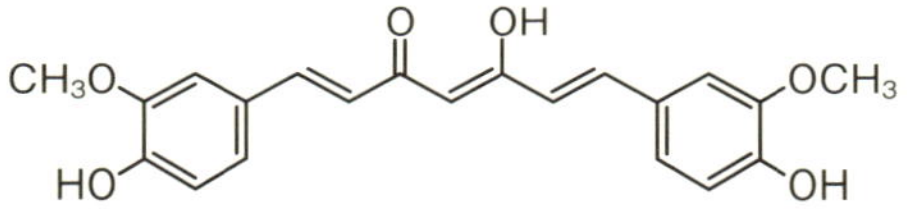

クルクミン
（ウコンの成分）

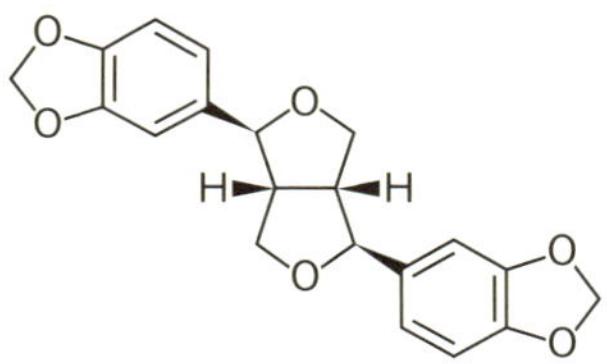

セサミン
（ゴマの成分）

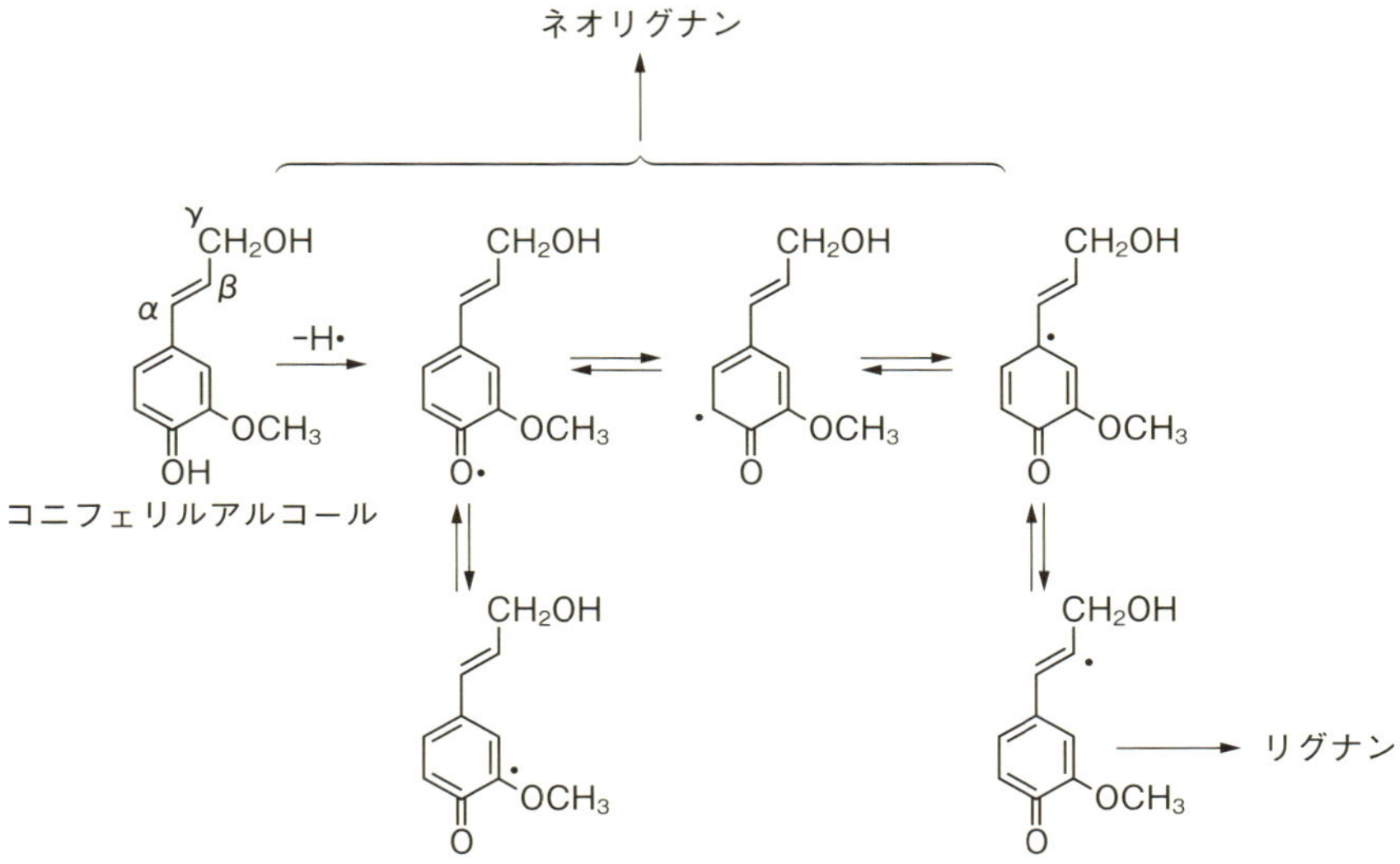

12 フラボノイドをつくるシキミ酸–酢酸–マロン酸経路

植物界に広く分布し野菜からも多く単離されている成分にフラボノイドがあります。2個のベンゼン環とそれらをつなぐC_3からなる構造をもっています。この骨格は、p–クマロイルコエンザイムAと3分子のマロニル酸コエンザイムAを基質とするカルコン合成酵素（CHS）により構築されるカルコンに由来します。この反応は、スターターがp–クマロイルコエンザイムAで3分子のマロン酸が順次脱炭酸しながら縮合したポリケチド鎖がクライゼン型の閉環をしたものであり、カルコン合成酵素をポリケチド合成酵素の1種と見なすこともできます。

フラボノイドとイソフラボノイドの違いは、フェニル基の結合位置がフェニルプロパノイドのC_3鎖の2位、3位のいずれかということであって、その生合成の分岐点となる物質はナリンゲニンあるいはリキリチゲニンというフラバノンです。

「狭義のフラボノイド」は複素環部の酸化レベルにより、それぞれフラボン、ジヒドロフラボノール、フラボノール、ロイコアントシアニジン、カテキン、アントシアニジンに分類されます。この中でカテキンは縮合型タンニンの構成要素であり、フラボノイドよりむしろポリフェノールとしてタンニンに含められることが多いです。アントシアニジンは植物色素として広く分布します。フラボノールも広く分布するフラボノイドの一種であり、その例としてケルセチンとその配糖体ルチンが挙げられます。

ルチンは野菜に広く含まれています。ルチンには一過性で作用は弱いながら血管収縮、毛細血管透過抑制作用が認められ、かつてはその作用に基づいてビタミンPと称されていました。

フラボノイドとスチルベノイドの生合成経路

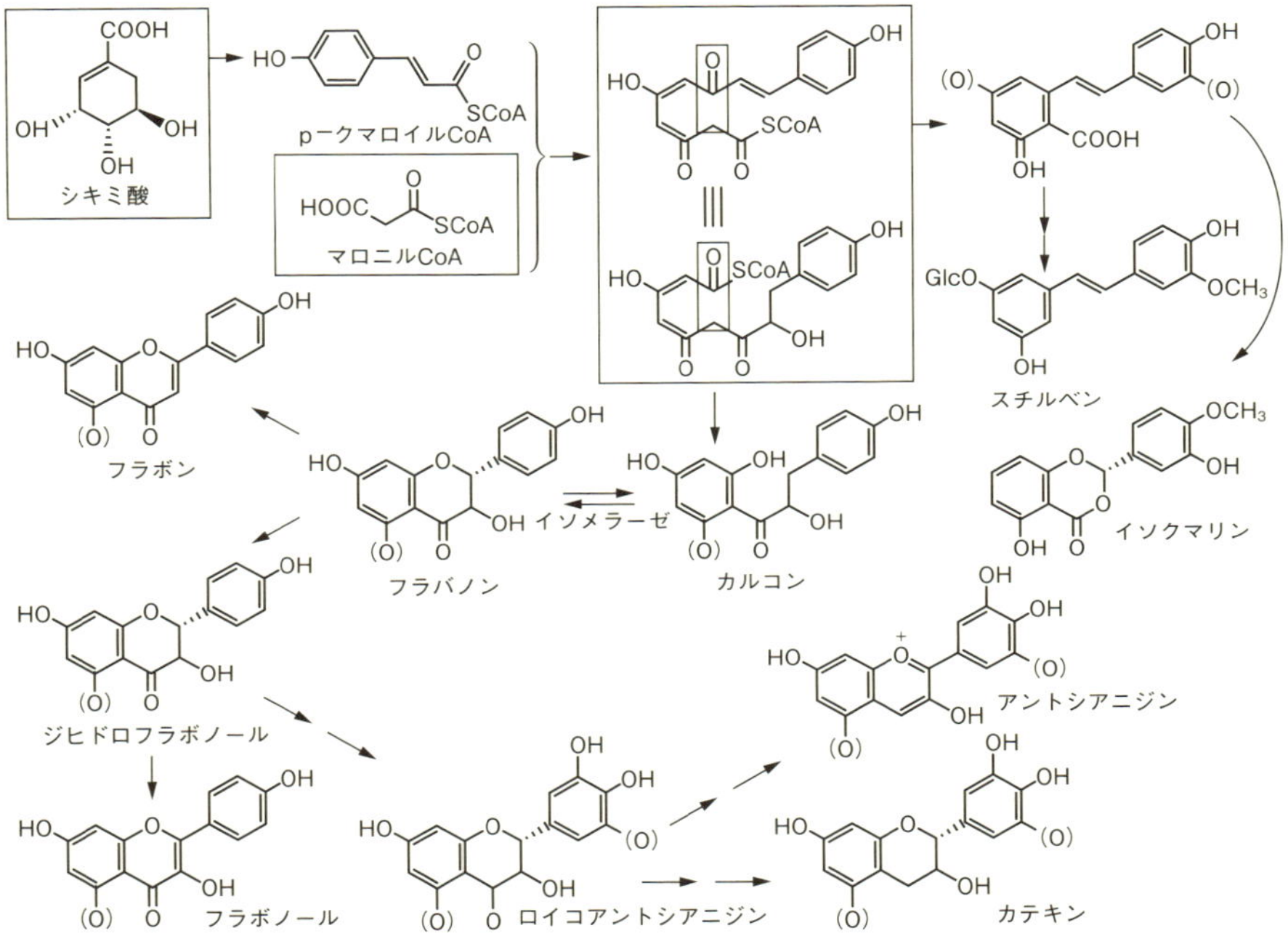

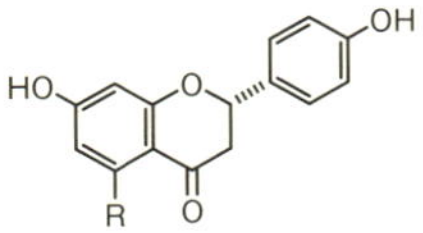

R=OH：ナリンゲニン
R=H ：リキリチゲニン

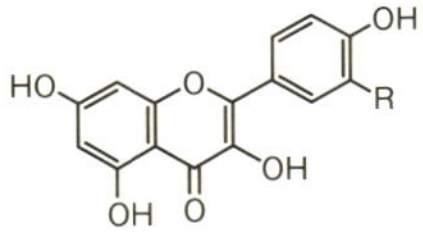

R=OH：ケルセチン
R=H ：ケンフェロール

ケルセチンはブロッコリー、キャベツ、ケール、豆類、トマト、イチゴ、ブドウなどに含まれるもので、ルチンと同様の作用があります。ケンフェロールもケルセチンに次いで広く分布するフラボノイドです。フラバノンも天然に広く分布し、ダイダイ、ウンシュウミカンなど柑橘類の果実に含まれるナリンギン、ヘスペリジンはその配糖体です。ミカンの圧搾ジュース中に混じる白い沈殿はこれらフラバノン配糖体であり、うちナリンギンに苦味があるので、製造過程で酵素ナリンギナーゼを用いて分解し苦味を除去しています。

13 アルカロイドをつくるアミノ酸経路

アルカロイドとはアルカリ（塩基）性を示す化合物群を意味します。生理活性が強いものが多く、使い方によっては薬として、また毒として利用されてきました。アルカロイドはいくつかの基本骨格があり、窒素（N）が含まれます。この窒素がアミノ酸由来である生合成経路はアミノ酸経路とよばれ、多くのアルカロイドがこれに当てはまります。

生合成の出発物質は、オルニチン、リシン、チロシン、トリプトファンなど限られたアミノ酸であり、脂肪族アミノ酸であるオルニチンからトロパン骨格が構築され、副交感神経遮断作用をもつヒヨスチアミンやスコポラミン、麻薬であるコカインなどのトロパンアルカロイドが生成されます。また、リシンを出発物質として駆虫薬として使われていたイソペレチエリンやマメ科クララに含まれているマトリンが生成されます。

一方、芳香族アミノ酸であるチロシンからはモルヒネなどのアヘンアルカロイドが、また、トリプトファンからカラバル豆に含まれるフィゾスチグミンが生成されます。

アルカロイドは、「真正アルカロイド」と「プソイド（偽）アルカロイド」に大別されます。真正アルカロイドとは、ある種のアミノ酸の脱炭酸によって生じるアミンが前駆体となってできるものをいいます。一方、プソイドアルカロイドとは、窒素を含む塩基性成分ではあるがアミノ酸に由来せず、他の生合成経路で生成したものにアンモニア性窒素が導入したと考えられるものをいい、生合成の観点からは別経路のものであり本項目に該当しません。

二次代謝物の中には特殊なアミノ酸、例えばニコチン酸、アントラニル酸に由来するものがあり、これら

芳香族アミノ酸（1）

●トリプトファン、アントラニル酸

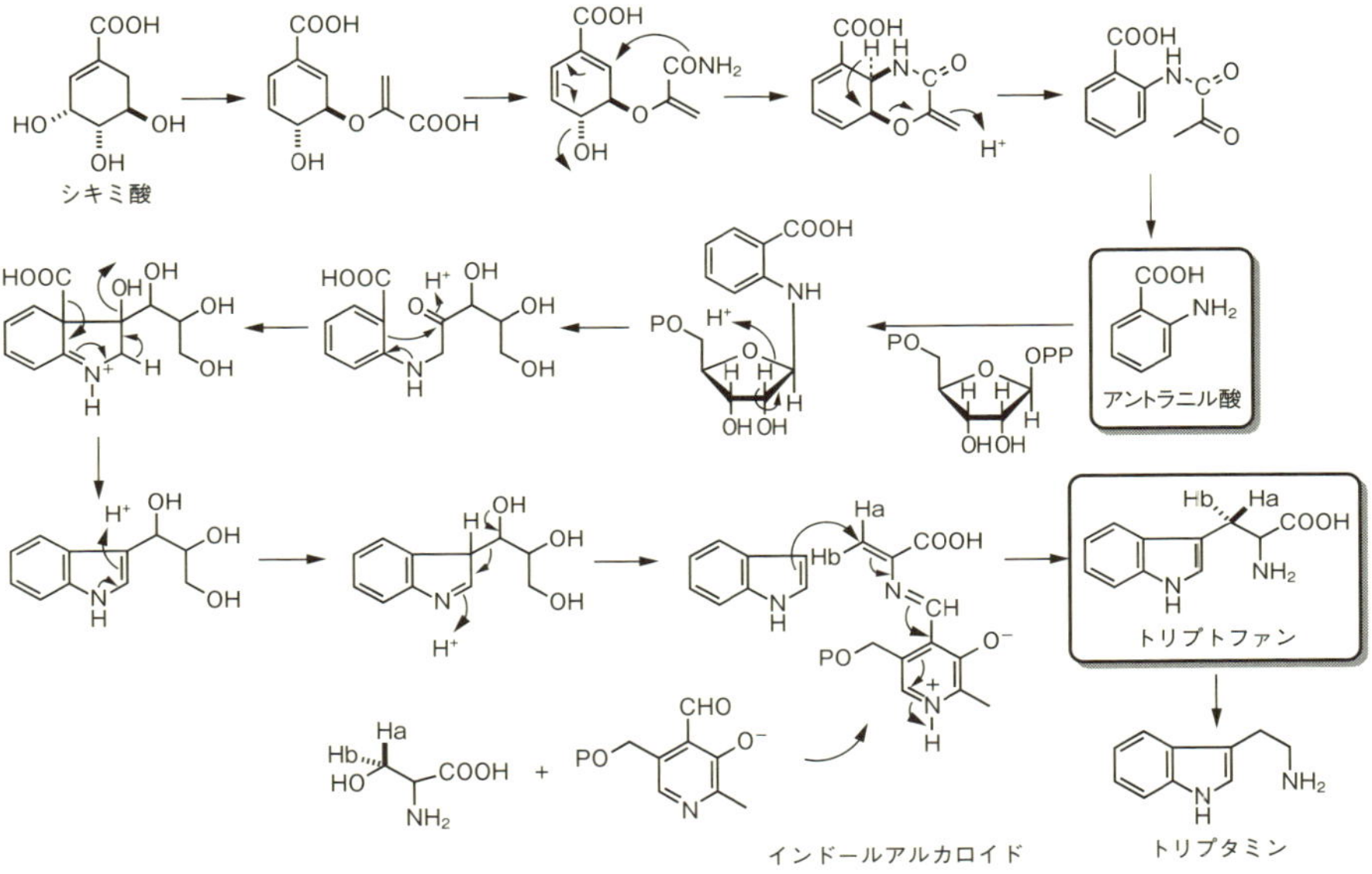

●フェニルアラニン、チロシン

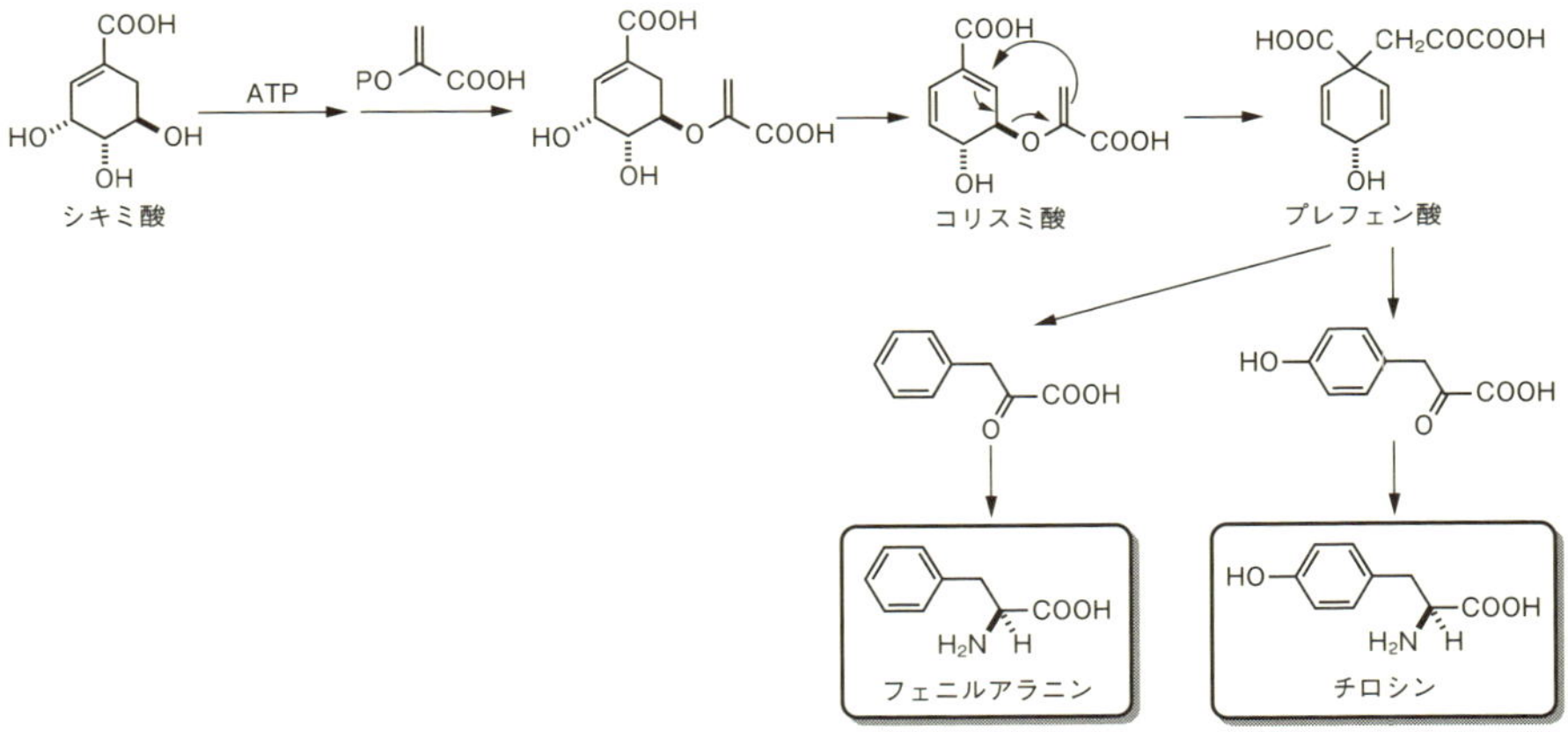

芳香族アミノ酸（2）

●フェニルアラニン、チロシン

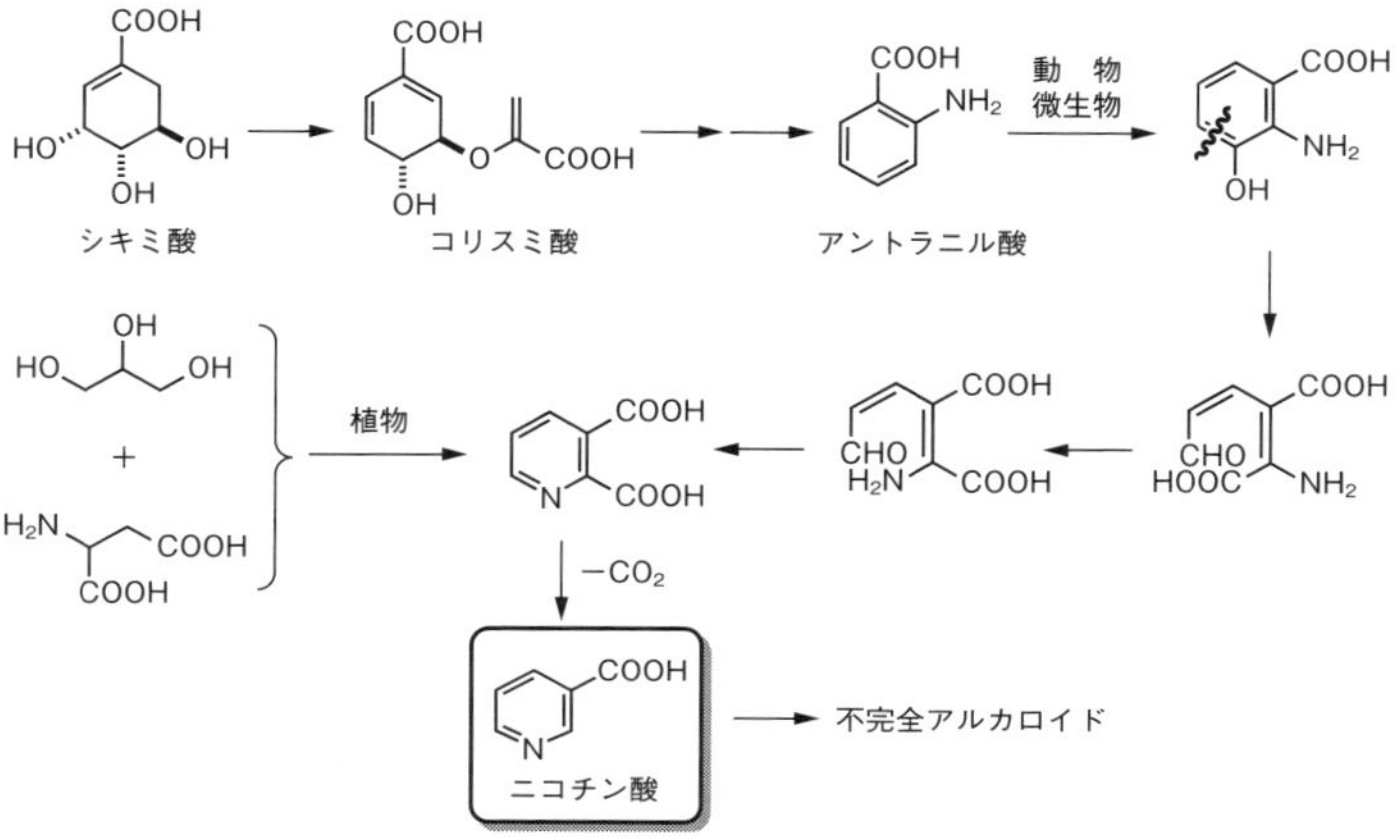

は代謝経路の上では脱炭酸しません。これらは真正アルカロイドとは異なるので、別に不完全アルカロイドと定義する意見もあります。

アルカロイドの生合成には、脂肪族アミノ酸ではオルニチンやリシンが、芳香族アミノ酸ではトリプトファン、アントラニル酸、フェニルアラニン、チロシン、ニコチン酸およびヒスチジンが前駆体として使われています。

脂肪族アミノ酸

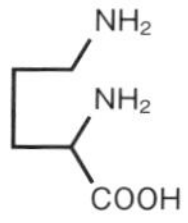

オルニチン

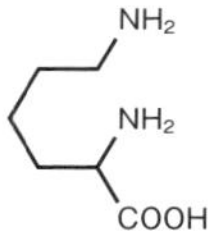

リシン

第3章
食卓でおなじみの野菜に含まれる機能性成分

14 野菜の機能性表示食品第1号になった大豆もやし

ダイズ（大豆）は、紀元前２０００年以前から中国のかなり広い範囲で栽培されていたようです。日本には弥生時代に中国から朝鮮半島を通じて入ってきたと考えられています。奈良時代に中国との交流が盛んになってから、仏教とともに味噌や醤油など大豆の加工品や加工方法も伝わってきました。

日本で広く栽培が始まったのは鎌倉時代以降のようです。鎌倉時代の僧侶が肉の代わりにダイズのタンパク質を食料にするために味噌や納豆を作り出したようです。江戸時代にはダイズの加工技術が発達して、味噌、納豆、醤油、豆腐、きな粉、おから、湯葉などが普及しました。

大豆イソフラボンは主にダイズの胚芽に多く含まれるフラノイドの一種です。その化学構造は女性ホルモンの「エストロゲン」に似ています。エストロゲンは、カルシウムが骨から過剰に溶け出すのを防ぐとともに骨形成を促進する働きもあります。このためイソフラボンは、特に女性ホルモン分泌が減少して骨粗鬆症になりやすくなる更年期の女性に有効と考えられています。

もやしのイソフラボン含有量は、大豆もやしが緑豆もやしの２・４倍あることが判明しました。この試験結果を利用して大豆もやしは機能性表示食品の申請が認められました。これは、成分を意図的に高めた生鮮食品としては全国で初めて販売されたものです。

この他にもダイズには、血圧上昇を抑制する苦み成分の大豆サポニンが多く含まれています。配糖体の一つである大豆サポニンは、苦味、収斂味などの大豆食品の風味に影響を及ぼす成分ですが、不飽和脂肪酸の多い大豆油の酸化を抑制する機能やイソフラボンと同

野菜の機能性表示食品第1号になった
㈱サラダコスモの「大豆イソフラボン子大豆もやし」

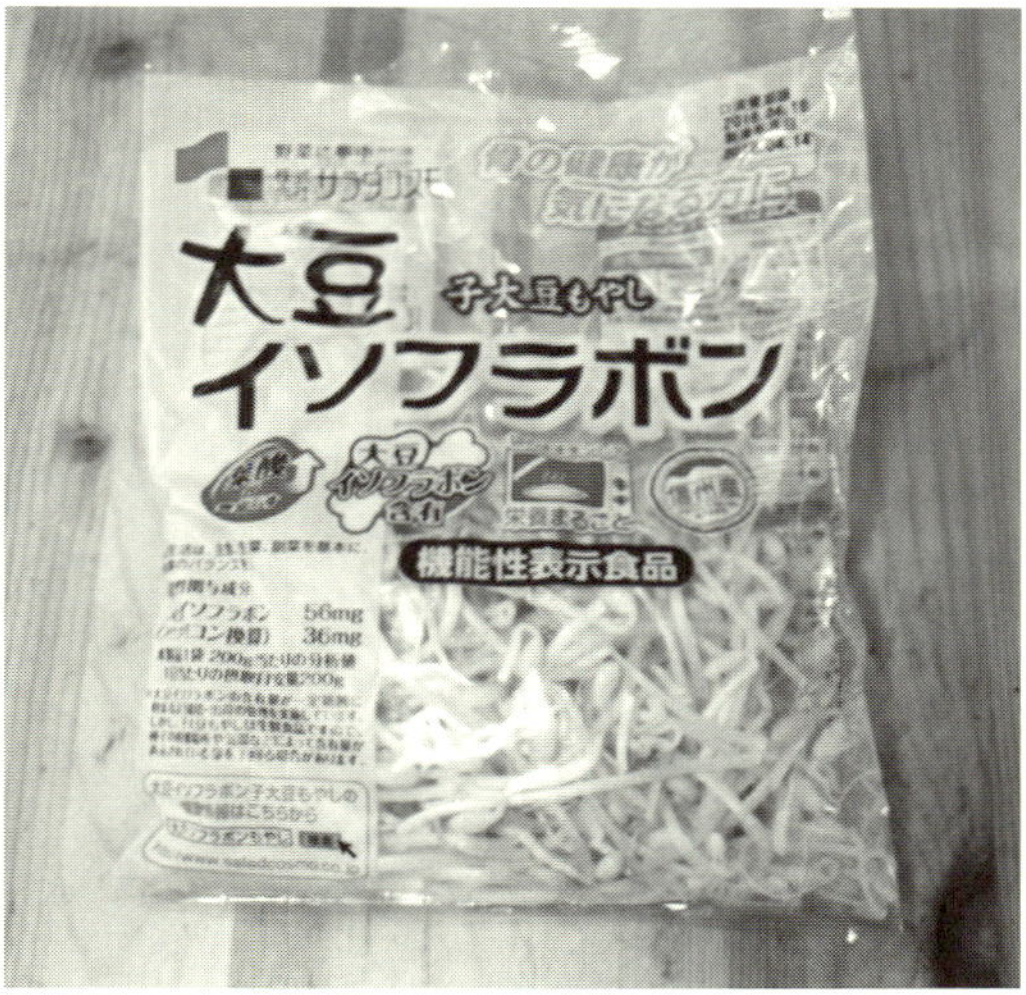

大豆イソフラボン

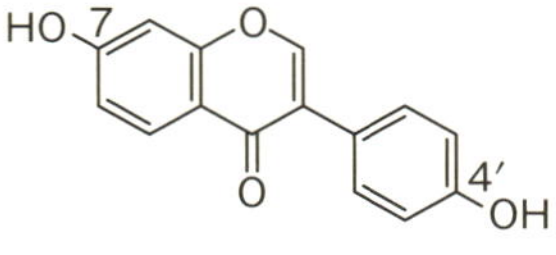

エストロゲン

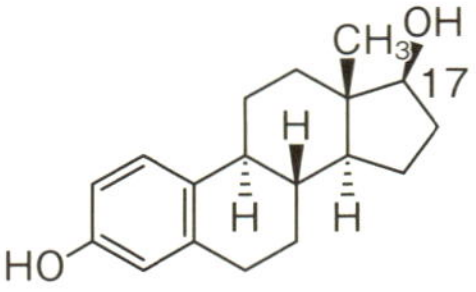

2R, 5R－ビス（ジヒドロキシメチル）－3R, 4R－ジヒドロキシピロリジン

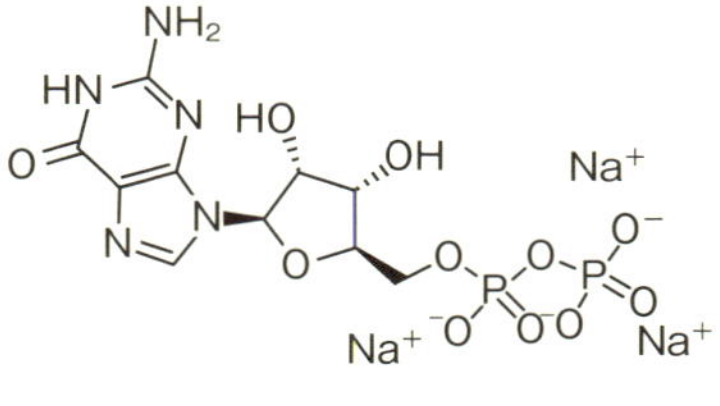

様にがん細胞の増殖を抑制する機能が知られています。
また、血糖値を下げる効果のある2R、5R-ビス（ジヒドロキシメチル）-3R、4R-ジヒドロキシピロリジンも含んでいます。

15 カボチャの果肉が黄色いのはβ-カロテンが豊富だから

カボチャ（南瓜）は、南北アメリカ大陸原産で、緑黄色野菜と呼ばれています。日本で栽培されているものには和種と洋種があります。

和種はニホンカボチャ（モスカタ－種）です。メキシコのマヤ文明、アステカ文明の主要作物であったもので、ヨーロッパを経て16世紀に渡来し、ボウフラと呼ばれていました。特徴は、果実の表面に縦溝、こぶ状の突起、果柄は五角形で果実が付く部分が広がっていることです。

洋種のセイヨウカボチャ（マキシマ種）はアンデスの高原で栽培されていたもので、19世紀に渡来しました。果肉は粉質で食感はホクホクとして甘みは強く、栗カボチャとも呼ばれます。特徴は、果実の表面は平らで滑らかで果柄の切り口は円形です。この他、アメリカ中南部の乾燥地原産のペポカボチャがあります。果実の形や食味に風変わりなものが多いです。ハロウィンで使われるオレンジ色のカボチャはペポ種である。

果肉にはカロテンが含まれ、黄色になります。カロテン以外の主な成分はビタミンA、B_1、B_2、C、キサントフィルです。種子には脂肪油、タンパク質、ビタミンB_1、Eが含まれます。

カボチャに含まれるビタミンE、ビタミンB_1、B_2、ビタミンC、β-カロテン、カルシウム、鉄分、カリウムなどは疲労回復効果、虚弱体質の改善に役立つ栄養価の高い食材として世界中で親しまれています。

β-カロテンには、粘膜などの細胞を強化して免疫力を高める働き、体を酸化から守る抗酸化作用があり、体の免疫力向上にも役立ちます。また、アンチエイジング（老化防止）に役立ちます。目の細胞や粘膜の新陳代謝を促し、夜盲症を軽減させます。

β-カロテン

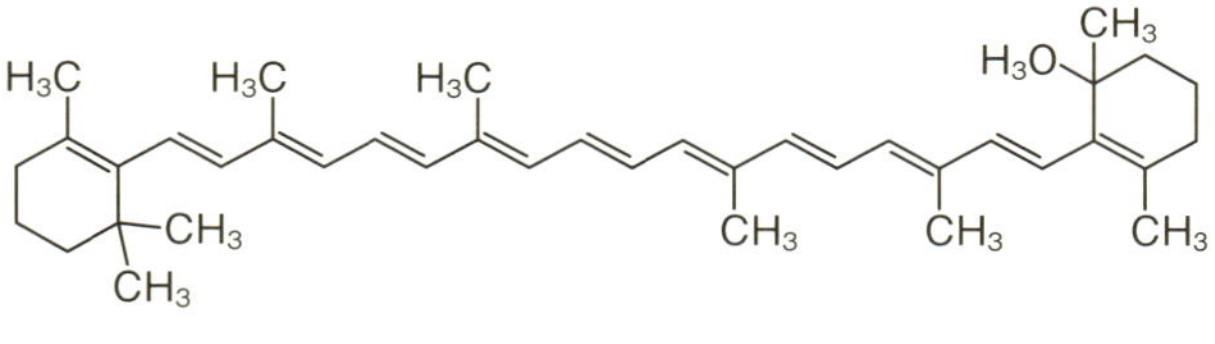

16 赤系トマトは、がん・動脈硬化を防ぐリコペンがより豊富

トマトの原産地は南アメリカのアンデス山脈の高原地帯です。16世紀以前、メキシコのアステカ族がアンデス山脈からもたらされた種からトマトの栽培を始めました。新大陸の中でもトマトを栽培植物として育てていたのはこの地域に限られます。

ヨーロッパへは、1519年にメキシコへ上陸したエルナン・コルテスがその種を持ち帰ったのが始まりであるとされています。イタリアで品種改良が行われ、18世紀ごろ、ヨーロッパ全土へ広まり一般的に食用となりました。

日本には江戸時代に長崎へ伝わりましたが、青臭く、また真っ赤な色が敬遠されてあまり広まりませんでした。日本人の味覚にあった品種の育成が盛んになったのは昭和に入ってからです。

トマトの機能性成分はリコペンとペクチンに代表されます。

リコペンは、β-カロテンと同じカロテノイド色素の一つです。β-カロテンが体内でビタミンAに変わりますが、リコペンはそのまま体内へ吸収されます。リコペンはβ-カロテンよりも抗酸化作用が強いことに加え、熱に強くトマトジュースなどに加工しても効用を損なうことがないということがわかり、注目を浴びるようになりました。がんや動脈硬化などは、体内での酸化による障害が一因と考えられています。リコペンの抗酸化作用は、これらの病気についての予防効果があると期待されています。

トマトは果実の色によりピンク系と赤系に大別されます。「桃太郎」に代表されるピンク系が生食用として広く人気を博し、赤系はもっぱら加工用とされていましたが、赤系トマトにはリコペンが多量に含まれて

いることから利用が見直されています。

肉厚のトマトを丸かじりすると独特の食感が楽しめます。これはペクチンという水溶性食物繊維が豊富だからです。ペクチンは、カルボキシル基をもつガラクチュロン酸と、カルボキシル基がメチルエステル化されたガラクチュロン酸メチルエステルが直鎖状に結合した構造をしており、その性質はエステル化度（DE値）によって異なります。ペクチンは、血液中のコレステロール値を下げる働きがあります。高コレステロール血症は万病の元です。

トマトを丸かじりすることで、より健康を保つことができます。

リコペン

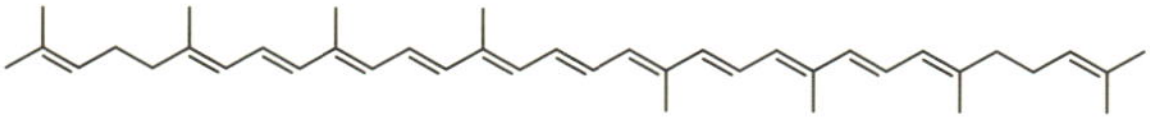

ペクチン

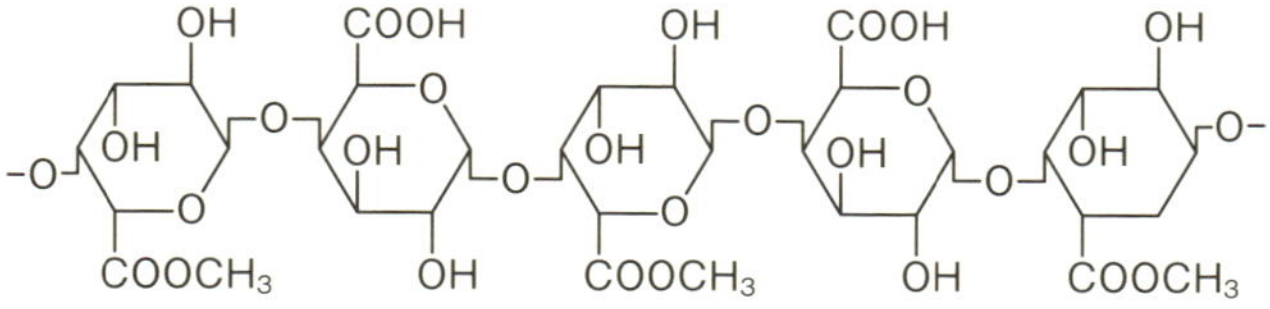

17 キャベツは胃潰瘍や動脈硬化も防ぐ

キャベツの原産地はギリシャやイタリアなどヨーロッパの大西洋・地中海沿岸と考えられています。紀元前8世紀の古代ギリシャ時代から薬用にされ、紀元1世紀頃の古代ローマ時代から保健食として栽培されていました。

古代ギリシャや古代ローマのキャベツは「ケール」のような葉キャベツで、その後、品種改良され、結球したものが12〜13世紀頃に栽培されるようになりました。日本へは江戸時代に伝来し、『大和本草』（1709年）に「紅夷菘（オランダナ）は味が良し」と書いてあります。明治初年から西洋野菜として栽培され、第二次大戦後、広く普及しました。

キャベツの選別で良品は、色の鮮やかのもの、艶のあるもの、形の整ったもの、堅く結球したもの、重みのあるものとされています。このためキャベツの栽培では、いかに花芽分化を抑制して結球を促すかがポイントになります。

キャベツには胃潰瘍や十二指腸潰瘍の予防効果があります。キャベツに含まれるビタミンUには、胃壁の粘膜を丈夫にし胃や十二指腸の潰瘍発生を抑制する作用、ビタミンKには出血した時に血を固める血液凝固作用があります。このため潰瘍で出血した傷口が早くふさがることになり、この点でもキャベツは胃潰瘍や十二指腸潰瘍に有効な食品なのです。

また、キャベツに含まれるナイアシンとパントテン酸は、悪玉コレルテロールの低下と善玉コレステロールを増加させる作用があり、動脈硬化を予防します。ナイアシンは神経伝達物質のセニトロンのレベルを上げるので精神の安定に役立ち、脳神経を正常化の作用もあります。

キャベツの系譜

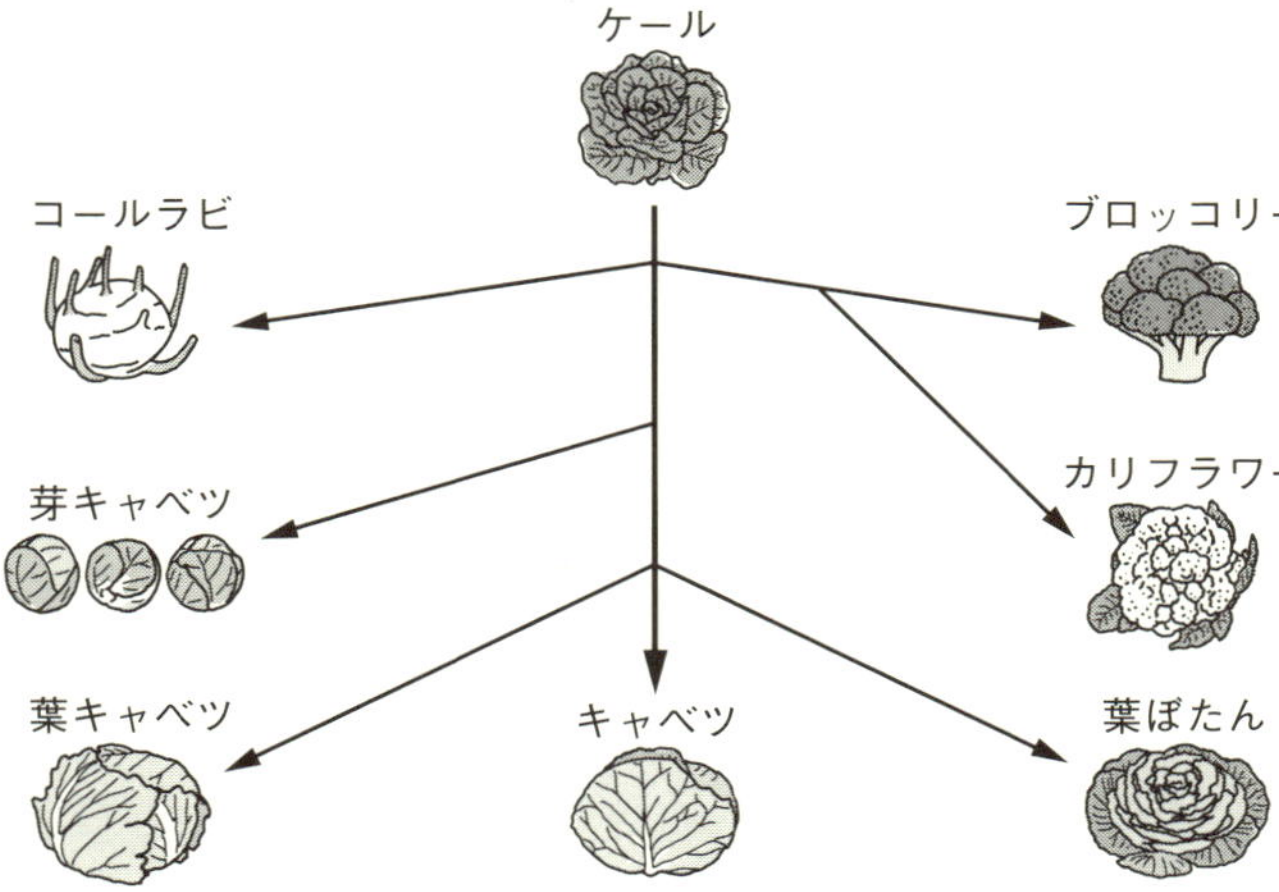

ナイアシン

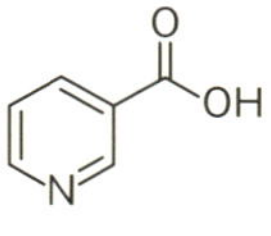

パントテン酸

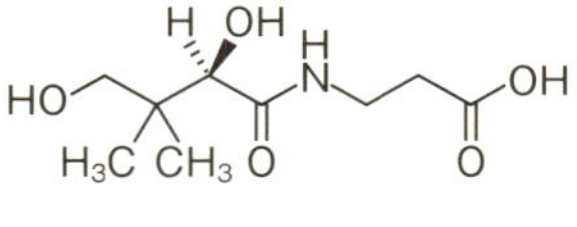

18 ブロッコリーは胃がんの予防にも有用

ブロッコリーはイタリアを中心とした地中海沿岸地域が原産地です。「ブロッコリー」という名前は、イタリア語で「芽」を表す「ブロッコロ」の複数形が語源です。茎がアスパラガスのように柔らかいことから、イギリスでは「イタリアン・アスパラガス」、フランスでは「アスパラガス・キャベツ」などと呼ばれ、肉料理に欠かせない野菜として古くから愛されてきました。

日本には明治時代に伝えられ、当時は観賞用とされていました。第二次世界大戦後に「緑ハナヤサイ」と呼ばれ本格的に栽培が始まりました。広く出回るようになったのは1980年代に入ってからで、健康的な食生活への関心が高まり緑黄色野菜の価値が認識され始めてきた際に、栄養価が高いブロッコリーへも注目が集まりました。

成分はビタミンCやβ-カロテン、スルフォラファン、カルシウムなどを豊富に含んでいます。特にビタミンCはブロッコリー100g中に160㎎と豊富に含まれています。これはイチゴの2倍、レモンの2・5倍に相当し、ブロッコリー4分の1株（約50g）で成人が1日に必要なビタミンCの摂取量を補うことができます。

β-カロテンには、美肌・美白効果、免疫力を高める効果の他に眼病を予防する効果もあります。目が網膜で光を感じる時に必要なロドプシンと呼ばれるタンパク質の生成に必要な成分です。夜盲症や眼精疲労の予防に効果があります。

スルフォラファンは、体内の解毒酵素の働きを高めて、グルタチオン・S・トランスフェラーゼの生成を促進する働きがあり、肝臓の解毒作用を促進させます。

ロドプシン（目の光受容器細胞に存在する色素）

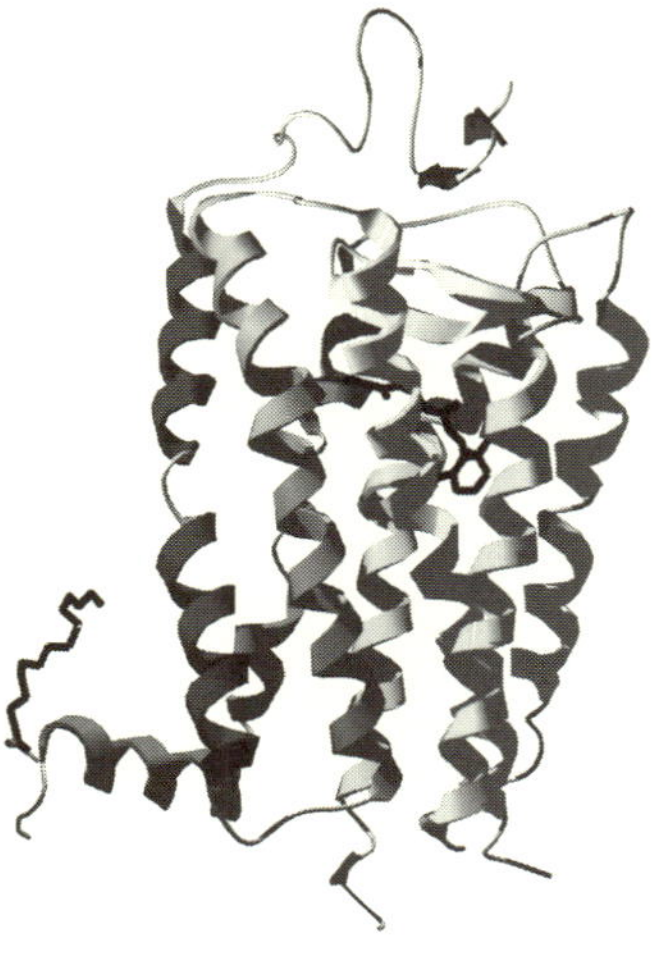

スルフォラファン

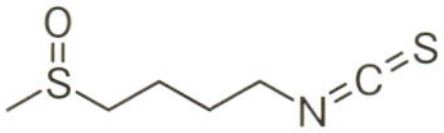

また、胃がんの原因であるピロリ菌（ヘリコバクター・ピロリ）に対する殺菌効果も認められます。食品中ではスルフォラファングルコシノレートとして存在しており、体内で分解されることでスルフォラファンに変わります。

19 レタスの苦味成分には鎮静作用・催眠促進作用がある

レタスは地中海沿岸、西アジアが原産で、和名はチシャ（萵苣）です。紀元前6世紀よりアケメネス朝ペルシアで栽培が始められ、古代ギリシャでは媚薬・催淫薬として広く食されました。日本の多くの地域では古くから掻き萵苣が食用利用され、1697年に出版された『農業全書』にも栽培や品種、調理法などが記されています。

レタスには大別すると、「玉レタス（玉苣）」、「ステムレタス（茎苣、掻き苣）」、「コスレタス（立ち苣）」それに「リーフレタス」という4つの品種群がありま す。「リーフレタス」には、葉の先が赤紫色をしている「サニーレタス」があります。現代の市場には玉レタスが主に流通し、生食します。中国などでは野菜炒め、鍋料理、クリーム煮など加熱調理することが多く、葉だけでなく茎も重要な食材となっています。

レタスの成分はビタミンA、C、カリウム、ナトリウム、カルシウム、鉄などです。

新鮮なレタスを切ると白い乳状の苦い液体が滲出します。レタスの語源はラテン語で「牛乳」という意の語*Lac*であり、また、和名のチシャも「乳草」の略で、共にレタスの切り口から出る液体の見た目に基づき付けられた呼び名です。この乳状の液体の中に苦味成分のセスキテルペンラクトン類が含まれています。ラクチュシン、8-デオキシラクチュシンおよびラクチュコピクリンの3種類が苦味に寄与しているとされます。

ラクチュコピクリンには中枢神経系に作用があり、軽い鎮静作用や催眠促進の効果があります。この物質が野生レタスから発見されています。古代ギリシャのレタスには中枢神経系を作用する化合物が多く含まれ、媚薬や催淫薬として使われたのかもしれません。

ラクチュコピクリン

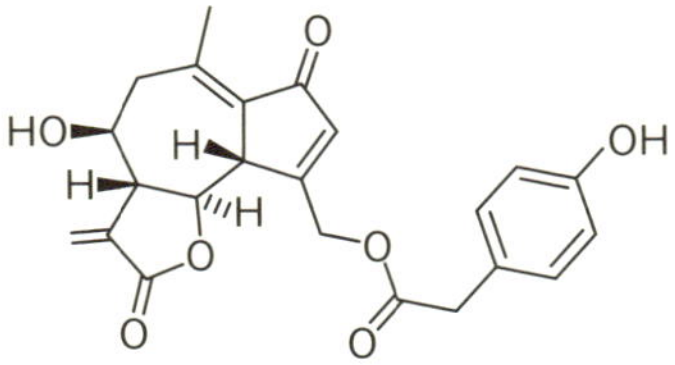

20 辛味成分だけではないトウガラシの機能性成分

トウガラシは南米アンデス原産で、いろいろの変種が知られています。果皮の色が、赤、黄、黒などさまざまな色のトウガラシがあります。トウガラシには、香辛料に使われる鷹の爪、本鷹、三鷹、八房、ハラペーニョ、スーパーチリ、カイエンペッパー、エスプレットなどがあります。辛みのない品種にピーマン、パプリカ、シシトウ（獅子唐）、ヒモトウガラシ、弘前在来トウガラシ、伏見唐辛子、万願寺唐辛子、ピメントなどがあります。

九州ではトウガラシのことをコショウ（胡椒）といいます。コショウ大根は冬の料理で、大根を輪切りにし、ユズの皮とトウガラシを加えて少し辛めの身体を温める料理です。また、ユズ胡椒はユズの皮と果汁にトウガラシ粉末を加えて作ります。寒いときにうどん、そばなどを食べるときに加えると身体が温まります。葉も美味しいので油炒めなどにして食べられます。

トウガラシの辛味は種子の台座で生合成され、種子の周りに付着します。トウガラシの辛味成分は、カプサイシン類を含むカプサイシンとジヒドロカプサイシンです。カプサイシンは、胃や小腸で吸収されると血液によって脳に運ばれ、内臓感覚神経に働きかけ、副腎にアドレナリンの分泌を促します。そのためアドレナリンによってエネルギーの代謝を高め、脂肪を燃焼し、血行を良くして体温を高め、冷えやむくみなどを改善してくれます。カプサイシンには抗菌活性もあり、食中毒の予防にも利用できます。

トウガラシの果皮の赤、黄色の色素はカロテノイド、黒の色素はアントシアニン、カロテイド、クロロフィルの組合せです。トウガラシの果実および葉には、鎖状ジテルペン配糖体が含まれ、その一部に小腸のタイ

トジェインジャンクション（細胞間隙）を開く作用が報告され、大きな分子量の化合物の吸収を亢進することがわかっています。さらにHＩVウイルスの感染を抑制する効果も報告されていますが、同じ化合物で、HＩVウイルスの感染を促進し、条件を変えると逆の効果が示すことがわかっています。

また、種子にはステロイド配糖体を多量に含み、滋養強壮、脂質代謝亢進に働きます。非糖部（アグリコン）のジオスゲニンには、アルツハイマー病の原因とされるアミロイドβタンパクの減少などの作用も報告されています。葉には、抗酸化などの機能性が報告されているフラボノイド配糖体、鎖状ジテルペン配糖体を含んでいます。

トウガラシダイエットというのがありますが、カプサイシンではほとんど痩せません。食べ過ぎて胃腸を痛めて痩せるようです。食べ過ぎには注意しましょう。

カプサイシン

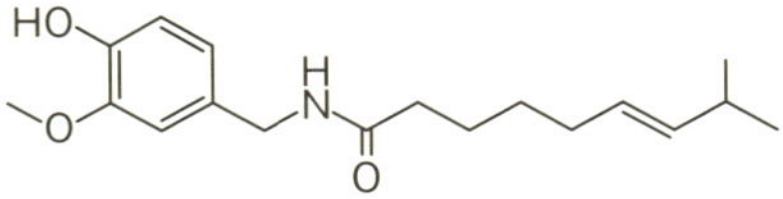

21 ピーマンは血管の補強にも有用

ピーマンとパプリカは同じトウガラシの変種でアンデス高原が原産地です。スペインとハンガリーに導入されて品種改良され、緑色のピーマンとカラフルなパプリカになりました。

ピーマンはトウガラシに比べて辛味はなく、産地によって実の形状・色は様々です。世界で栽培されていますが、代表品種はハンガリー種とスペイン種です。スペイン種は色調鮮やかで着色力が強く、ハンガリー種は色調はレンガ色ですが香りが良いため、色よりも香味の方が重要視されています。日本では明治初頭にアメリカから伝わったスペイン種を品種改良した中形で緑色のものが多く栽培されています。日本でパプリカと呼ばれるのは、ピーマンの中でも肉厚で果実の部屋数が3つから4つに分かれたきれいなベル形の品種を指しています。

ピーマンはカロテノイドを多量に含んでいます。カロテノイド含量は、緑ピーマンを1とすると、赤が1・5倍、黄が半分くらいとの報告があります。ビタミンC含量も赤ピーマンが緑の2倍くらい含まれているとの報告があります。また、二酸化炭素を用いて超臨界抽出される食用色素のトウガラシ色素、カプシカム色素、カロテノイド色素などが含まれています。種子には、トウガラシと同じようにステロイド配糖体が含まれている。

この他に、ピーマンにはピロロキノリンキノン（PQQ）という物質が含まれているという報告もあります。PQQはピーマン以外では肉類、茶、納豆に含まれています。神経保護作用、抗酸化作用を示し、不足すると生殖能力の低下、皮膚機能障害などを起こすといわれています。

ピロロキノリンキノン（PQQ）

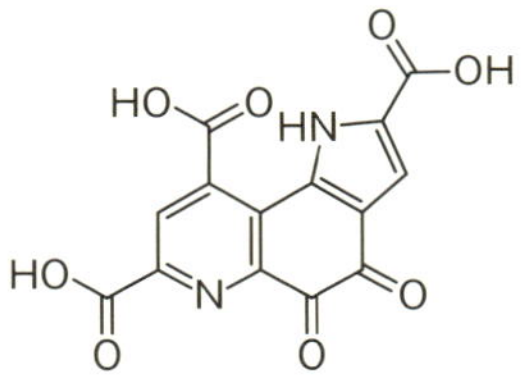

アンデス高原で乾燥されるピーマン

22 ニンニクのパワーの源は多種多様な有機イオウ化合物

ニンニクは、中央アジアが原産地とされる最も古い栽培植物の一つです。紀元前3750年頃のエジプトの王墓から、ニンニクの粘土模型が発見されたことや、紀元前1500年以前にエジプトで書かれたとされる世界最古の薬物治療書『エベルス・パピルス』に22のニンニクの利用法が書かれていることから、古くより食品としてだけでなく、経験に基づいて様々な治療にも利用されていたことがわかります。

ニンニクは、有機イオウ化合物を特徴的成分として含有しています。これらの化合物は、ニンニクを処理することによって多様な含硫化合物に変化します。処理の違いによって調製物に含まれる含硫成分にも違いが生じ、疎水性化合物を特徴とする調製物と、親水性化合物を特徴とする調製物に大別されます。含まれるそれぞれの化合物は、安定性、反応性、吸収性および薬理活性に違いがあることから、各調製物の特性は化合物の物理的・化学的な性質を反映します。

1940年代中頃、含硫アミノ酸の一つであるアリインに酵素アリナーゼが作用しアリシンができることが示されました。これは、ニンニク成分の変化を初めて科学的に説明したもので、以後、ニンニクの科学的研究が爆発的に広がり、各化合物や調製物の特性が明らかにされてきました。

アリシンはニンニク由来の疎水性化合物の代表格で、極めて反応性が高く、タンパク質などと速やかに反応します。例えば、血液と混合すると、速やかに消失しヘモグロビンを酸化型のメトヘモグロビンに変化させます。さらに、アリシンは8万倍に希釈しても抗菌活性を示したことから、抗菌作用の研究も多く行われています。このことより、生ものを食する際、生ニンニ

生ニンニクに含まれる特徴的な有機イオウ化合物

	R		
	メチル （CH_3-）	アリル （CH_2＝CH-CH_2-）	プロペニル （CH_3-CH_2＝CH-）
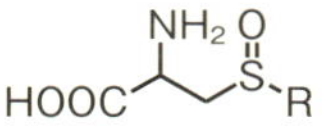	メチイン	アリイン	イソアリイン
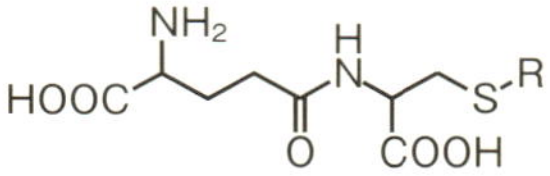	γ-グルタミル-S-メチルシステイン	γ-グルタミル-S-アリルシステイン	γ-グルタミル-S-1-プロペニルシステイン

クを用いることは、殺菌の面から理にかなっていると考えられます。

また、アリシンからジアリルスルフィド類、アホエン類、ビニルジチイン類などの特徴的な疎水性化合物が生じます。ジアリルスルフド類の中で、3個の硫黄原子をもつジアリルトリスルフィドは、がん細胞のアポトーシス誘導や血小板凝集抑制作用などが報告されています。アホエンとビニルジチインにも血小板凝集抑制作用の報告があります。これらアリシンから生じる疎水性化合物は揮発性物質であり、ニンニク臭の元ともなっています。

一方、ニンニクからは、S-アリルシステイン（SAC）、S1-プロペニルシステイン（S1PC）、S-アリルメルカプトシステイン（SAMC）などの特徴ある水溶性化合物も、加工することにより生成することがわかっています。これらの化合物は、ニンニクに含まれる前駆物質γグルタミル体から酵素反応によって生成します。SACやS1PCは安定な化合物で、経口投与によって速やかにほとんどが吸収されることが報告されています。

SACの薬理作用は、肝障害予防効果、大腸がん予防、抗酸化作用、神経細胞の生存促進など多様な報告があります。S1PCはこれまで薬理作用の報告は全くありませんでしたが、最近、腸管の免疫グロブリンA（IgA）の分泌量およびその分泌に関与する細胞の割合を上昇させ、免疫調整作用を有することが報告されました。SAMCは、肝臓保護作用や白血病細胞株および前立腺がん細胞などに対してアポトーシス誘導などの報告があります。

近年の研究において、ニンニク由来のイオウ化合物が体内での硫化水素や一酸化窒素の生成および相互作用を通じて、血圧降下、心血管障害および動脈硬化症の軽減、免疫機能調整など、生体の恒常性維持の重要な役割を担っていることが明らかとなってきました。

イオウ化合物とは別の特徴的化合物として、ニンニクから10種類のサポニンが分離されています。この中で生ニンニクに含まれるプロトエルボシドBと呼ばれるサポニンは、加工によりエルボシドBに変わることで抗菌作用や抗発がんプロモーター活性が認められることが示されました。

ニンニク中の有機イオウ化合物の主な変化

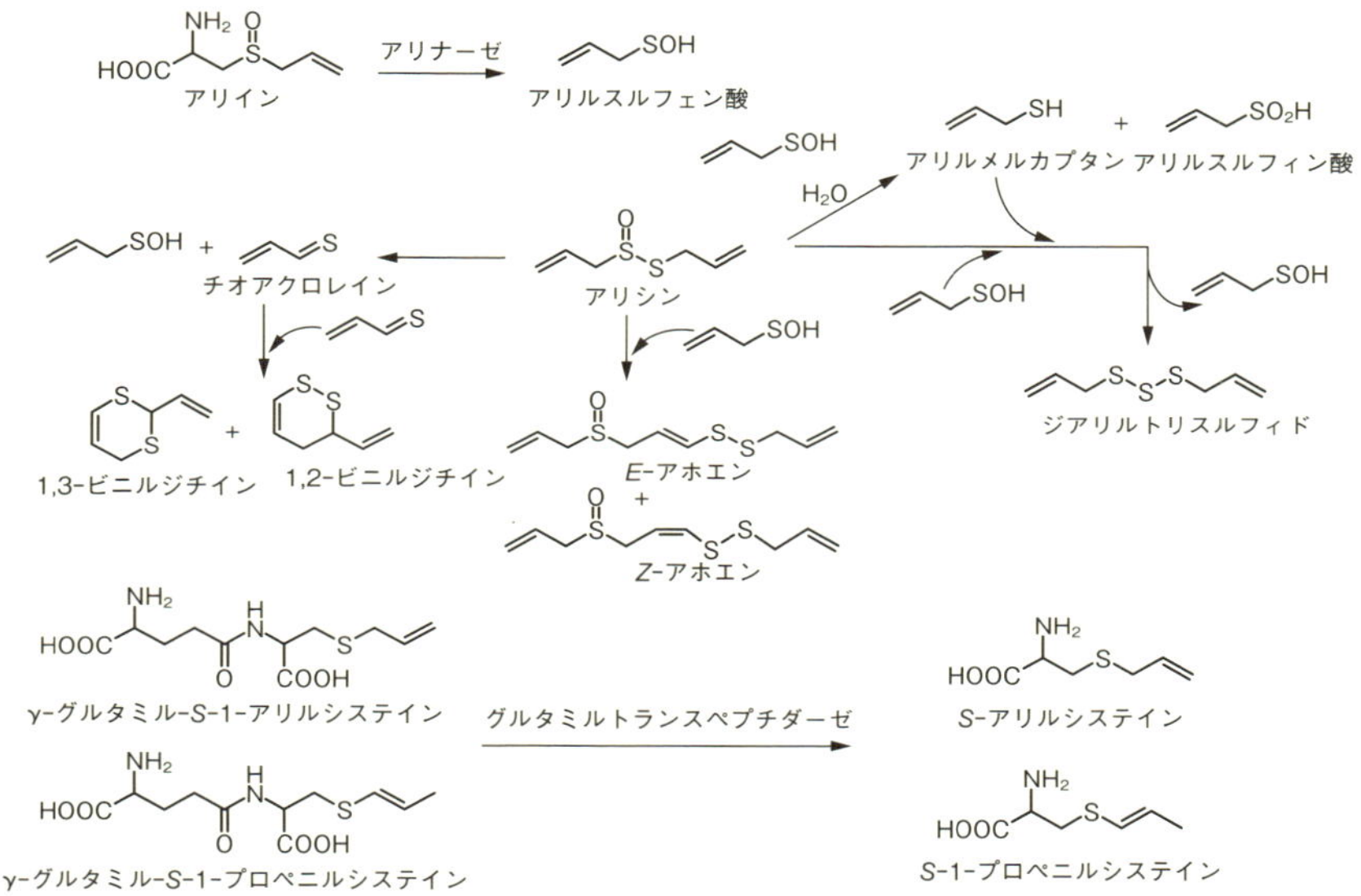

S1PCのマウス腸内のIgA分泌に及ぼす影響

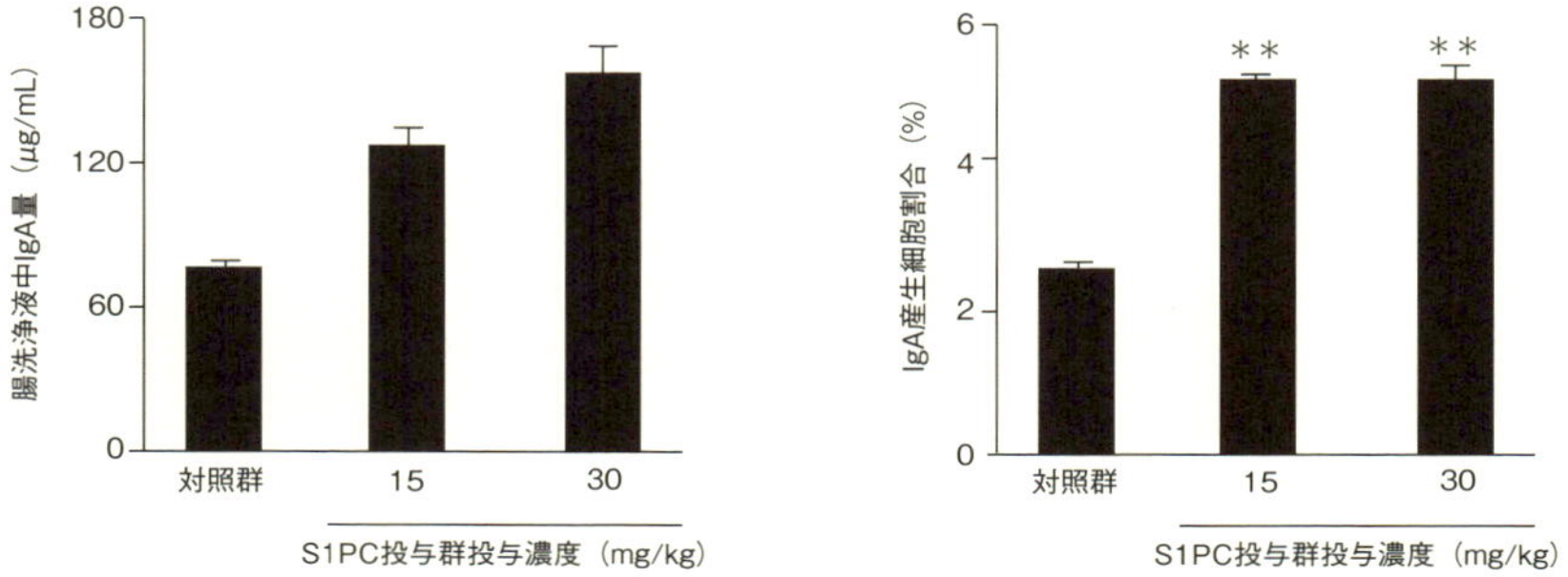

*P＜0.05、**P<0.01

（出典）J. Suzuki et al, Nutrition（2016）

23 タマネギを切ると涙が出る原因は動脈硬化予防成分

タマネギの原産地は中央アジアとされますが、野生種は発見されていません。栽培の歴史は古く、紀元前の古代エジプト王朝時代には、ニンニクなどとともに労働者に配給されていました。ヨーロッパの地中海沿岸に伝わったタマネギは、東ヨーロッパでは辛味の強い辛タマネギ群、南ヨーロッパでは辛味の少ない甘タマネギ群が作られました。日本では明治7年に北海道で栽培が始まりました。

タマネギにはミネラル、ビタミンB_1、B_2、Cの他にアリシン、ケルセチンなどの機能性成分が含まれています。

タマネギを包丁で切っていると、鼻がツンとして涙が出てきます。これは、タマネギの細胞が壊れてアリシンがもれ出すためです。アリシンは硫化アリルの一種です。硫化アリルは揮発性の催涙物質のため、この成分が鼻や目の粘膜に触れることで涙が出てくるのです。

アリシンは、体内で胃の消化液の分泌を活発にし食欲を増進させたり、ビタミンB_1の吸収を高めたりするなどの働きをしています。

血液が汚れてドロドロになると全身の細胞の新陳代謝が悪くなるため、体の疲れや免疫力の低下につながり病気にかかりやすくなります。アリシンには血液の凝固を遅らせ、血流を改善し血栓をできにくくする働きがあります。これに加えて、善玉コレステロールを増やし悪玉コレステロールを減らす働きがあるため、動脈硬化予防に効果が期待できます。

アリシンはビタミンB_1と結合するとアリチアミンに変換されることによって、長く血液中に留まることが可能になり、長時間に渡って疲労回復のために利用さ

タマネギを切ると
涙が出るのは
アリシンという
機能性成分を
豊富に含んでいる
からなんだ。

れます。また、アリシンにはビタミンB_1の吸収を高める働きもあります。ビタミンB_1は食事から摂った糖質をエネルギーに変えるために必要とされる栄養素です。糖質をエネルギーに変える力が低下してしまうと、疲労物質である乳酸が溜まりやすくなり、疲労を感じるようになります。アリシンとビタミンB_1の相乗効果によって、疲労を回復させると考えられています。そのため、ビタミンB_1を多く含む豚肉や大豆などと一緒にタマネギを食べると良いといわれています。

アリシンは水溶性の成分のため、水にさらすと溶け出し、さらに加熱に弱い性質をもつため調理の際は注意が必要です。タマネギに含まれているアリシンを無駄なく摂取するには、水にさらす時間を短くし、そのまま生で食べることが良いとされています。切ったタマネギは15分ほど空気に触れさせてから調理すると、加熱してもアリシンが壊れにくくなるといわれています。

ケルセチンは表皮の黄色や赤色の薄皮に含まれ、毛細血管を丈夫にする作用があります。

24 日本人しか食べないゴボウの根は機能性成分の宝庫

ゴボウはユーラシア大陸原産で縄文時代に中国から日本に伝わったといわれています。中国では種子（牛《ご》蒡《ぼう》子《し》）が解毒・解熱・鎮咳などの治療に使われていたため、日本でもしばらくは薬用としてのみ用いられていました。日本現存最古の薬物辞典である平安時代の『本草《ほんぞう》和《わ》名《みょう》』に、キタキス、ウマフブキの名で記録されています。現在でも漢方処方に使われています。

ゴボウの根を食べる習慣は日本独特のものです。平安時代後期には、歯触りと香が良いことから宮廷料理の献立にゴボウの根が用いられたとの記載があり、その頃から食用とされていたようです。江戸時代の寛永20年（1643年）に刊行された我が国初の実用レシピ集である『料理物語』には、牛蒡の調理法として、「汁。あへもの（和え物）。に物（煮物）。もち。かうの物（香の物）。茶ぐはし（茶菓子）。其外いろ〵。」とあります。

ゴボウの機能性は少しずつわかってきました。

① 腸内環境を整える効果

ゴボウに含まれている不溶性食物繊維のセルロースとリグニンには腸内の善玉菌を増やす働きがあるため、腸内環境を整えることが期待できます。便通が良くなり栄養の吸収率が高まります。

② 便秘を解消する効果

セルロースとリグニンは、腸内で水分を吸収して膨らみ、腸管を刺激して腸のぜん動運動を高め、便の排出を促します。

③ 動脈硬化を予防する効果

リグニンは、肝臓でつくられるコレステロールの材料である胆汁酸を吸着して排出する重要な働きを持っています。胆汁酸の排出はコレステロールの減少につながるため、動脈硬化の予防が期待できます。イヌリンにはナトリウムを排出する働きもあるため、高血圧の予防にも効果的です。

④抗炎症作用

ゴボウの成分アクチゲニンは免疫細胞に働きかけ、アレルギー・炎症関連物質IL−4、IL−5、IL−6の分泌を抑制し、抗炎症作用および抗アレルギー作用を示します。

⑤糖尿病を予防する効果

イヌリンは摂取した食物と混ざり合い小腸までゆっくり進めて養分の吸収を遅らせ、血糖値の上昇が緩やかになるため、糖尿病の予防が期待されます。また、アクチゲニンが筋肉へのグルコースの取り込みを促進することで糖尿病予防に役立つとの研究も報告されています。

⑤老化を防ぐ効果

ゴボウの皮のクロロゲン酸やタンニンは、活性酸素によって生成される病気や老化の原因である過酸化脂質の発生を抑える働きがあるため、老化を防止する効果が期待できます。

アクチゲニン

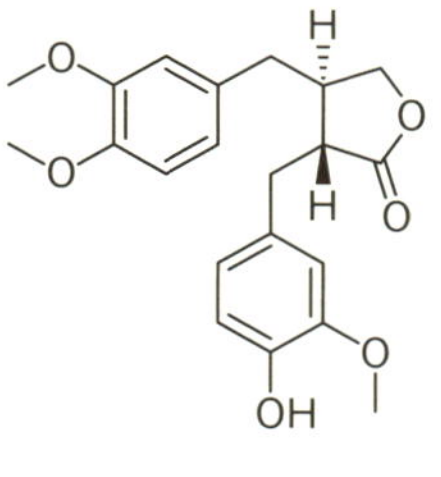

クロロゲン酸

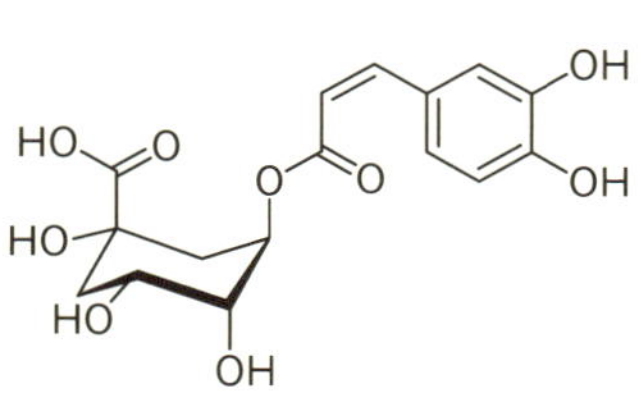

25 レンコンのねばねばにも機能性成分が発見される

ハスは熱帯アジア原産とされていますが、日本では弥生時代の遺跡から3粒のハスの実が発掘されています。この種子が発芽し開花して「大賀バス」と命名されました。遺跡の年代から2000年以上前に渡来したと考えられます。

ハスは、観賞用と同時に民間療法でも使われています。根茎には止血作用があるので胃や十二指腸潰瘍の吐血や血便、鼻血止めに効くとされてきました。

食用とするレンコン（蓮根）には大きく分けて、明治初年に中国からもたらされた中国種と、鎌倉時代の僧道元が持ち込んだ在来種があります。中国種は在来種と比べて粘りが少ないですが、シャキットした食感で好まれています。根茎が太くなり収穫しやすい中国種が今では広く栽培されています。

主な産地は茨城県が全国の43%、次いで徳島県が15%です。石川県では「加賀レンコン」と呼ばれるものもあります。

レンコンは、糖質の代謝を助けエネルギーをつくり出し疲労回復に役立つビタミンB_1や、細胞の新陳代謝を促進し皮膚や粘膜の機能維持や成長に役立つビタミンB_2の他に、皮膚や粘膜の健康維持をサポートしたり脳神経を正常に働かせるのに役立つナイアシンや、動脈硬化を予防しストレスをやわらげる働きのあるパントテン酸、そして、貧血を予防し細胞の生まれ変わりや新しい赤血球をつくり出すために欠かせないビタミンである葉酸を含みます。タンニン類も豊富に含まれ、炎症を鎮めたり、出血を止める働きをします。

レンコンの機能性成分の本体は、ムチンとレンコンポリフェノールと思われます。

レンコンを折ると糸のようなものが出てきます。こ

加賀レンコン

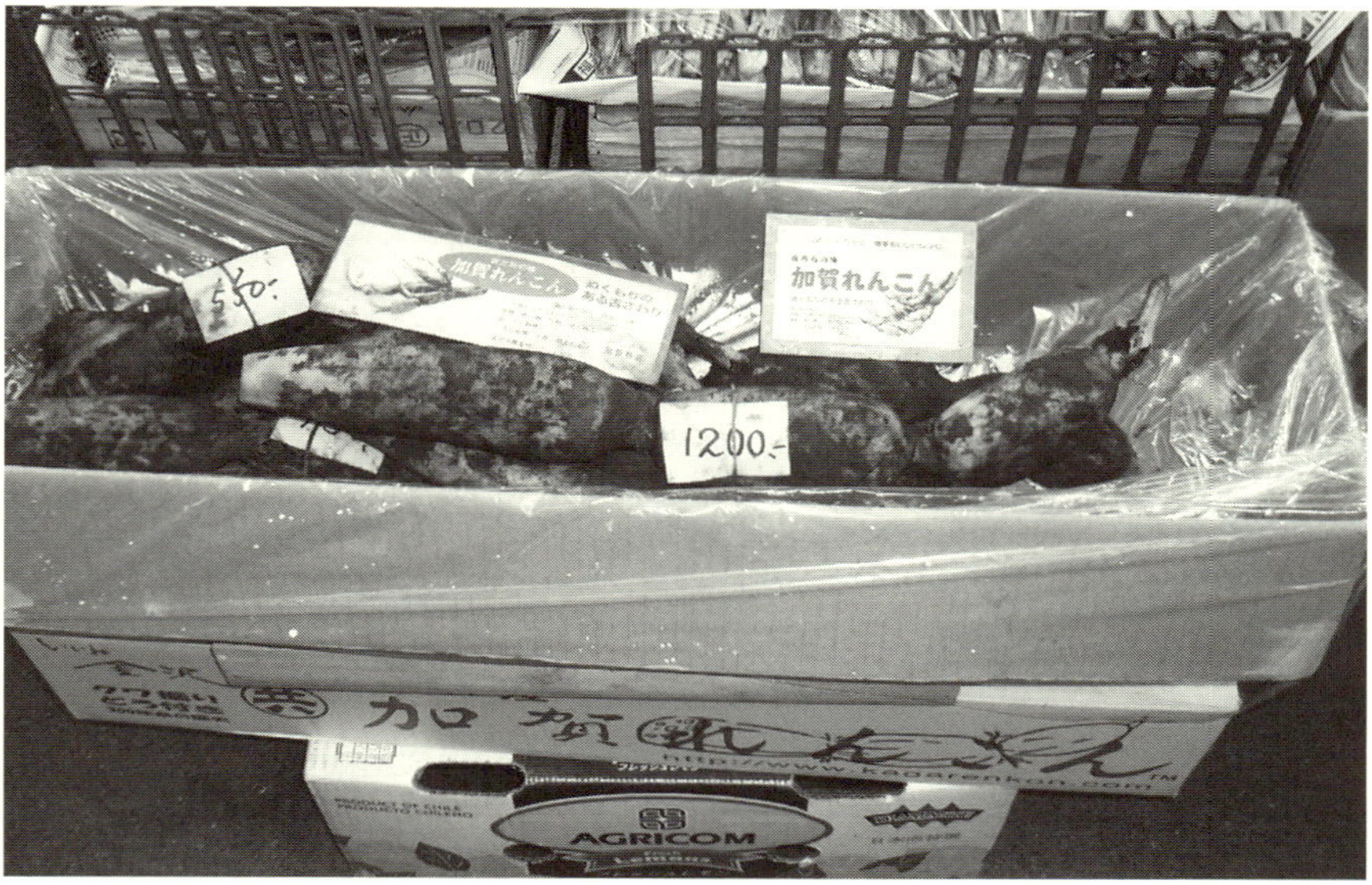

れがムチンで、ナメコのネバネバと同じ糖タンパク質です。細胞の保護や潤滑物質としての役割を担い、皮膚の深いところでヒアルロン酸の量を増やす効果が期待できます。

　レンコンを折ると折面が黒くなるのは、レンコンポリフェノールのタンニンが酸化するためです。レンコンポリフェノールには血管を収縮させる作用があることから潰瘍や鼻血など様々な止血に利用され、花粉症などのアレルギー症状にも用いられます。

大賀バス

26 緑化栽培されたウドは疲労回復成分が豊富

ウドはウコギ科タラノキ属の多年草です。夏は2～3mになる茎は冬には枯れますが、春に根株から出てくる若芽は独特の香りと歯ざわりがあります。分布は日本各地から、サハリン、朝鮮半島、中国など東アジア各地に広く自生しています。根茎は生薬「独活《どっかつ》」として、便秘予防、疲労回復、風邪予防、食欲増進などに使われていました。

野菜としてのウドは、江戸時代初期の書物『清良記』（1654年頃）に「野生種を採取して利用した」という記述があります。貝原益軒の『菜譜』（1704年）では、露地で盛土して軟化する軟白栽培に関する記述もみられます。軟白栽培は17世紀に関西から始まり、愛知、東京に伝わったとされています。

主産地は茨城県、栃木県、東京都で、この3産地で周年出荷がされています。市場品は、暗い室《むろ》の中で日光を当てずに育てた白いウドが中心です。野生の山ウドは、アクが強いが山菜ならではの香りと味わいがあります。

ウドは機能性成分として、クロロゲン酸、アスパラギン酸、ジテルペンアルデヒド、ケルセチンとケンフェロールのフラボノイドなどを含んでいます。クロロゲン酸は抗酸化性を示す物質で、老化やがんの予防効果や日焼けによるメラニンの抑制効果などがあります。アスパラギン酸は不足すると疲れやすく抵抗力が弱まったりするので、体内で作られるものでもありますが、これで補えます。また、アンモニアなどの有害物質を体外に排泄し神経を守る効果もあると言われています。3種類のジテルペンアルデヒドは血液循環をよくし、疲労回復に効果があるといわれています。

ウドの抽出物は高い抗酸化性とラジカル消去活性を

示し、半緑化栽培の場合には、軟白茎よりも緑葉の方がこれらの機能が高いことが報告されています。

露地における緑化栽培と軟白軟化栽培の茎を比較すると、緑化栽培では有意にクロロゲン酸含量が増加します。アスコルビン酸含量も、絶対量は少ないが同様に増加します。

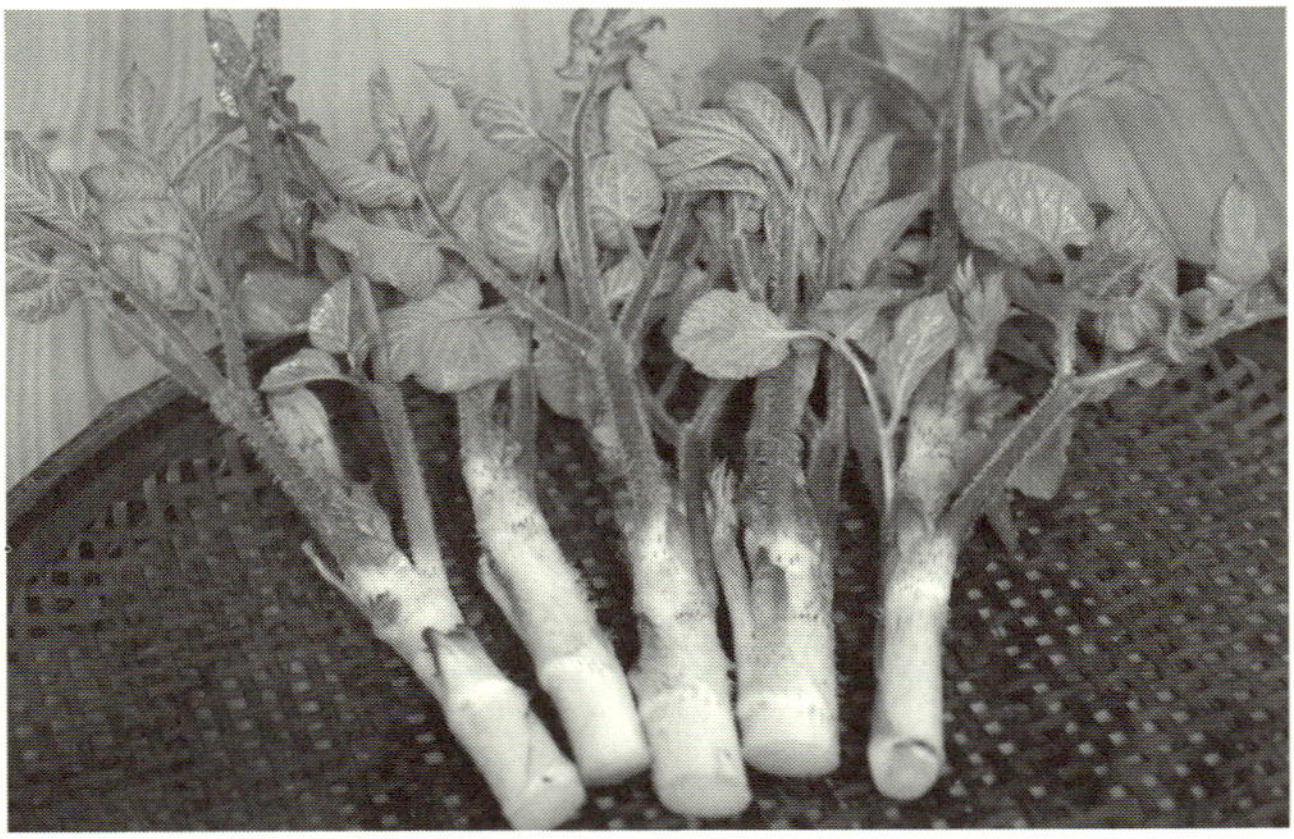

半緑化栽培ウドの各部位に含まれるポリフェノール成分含量

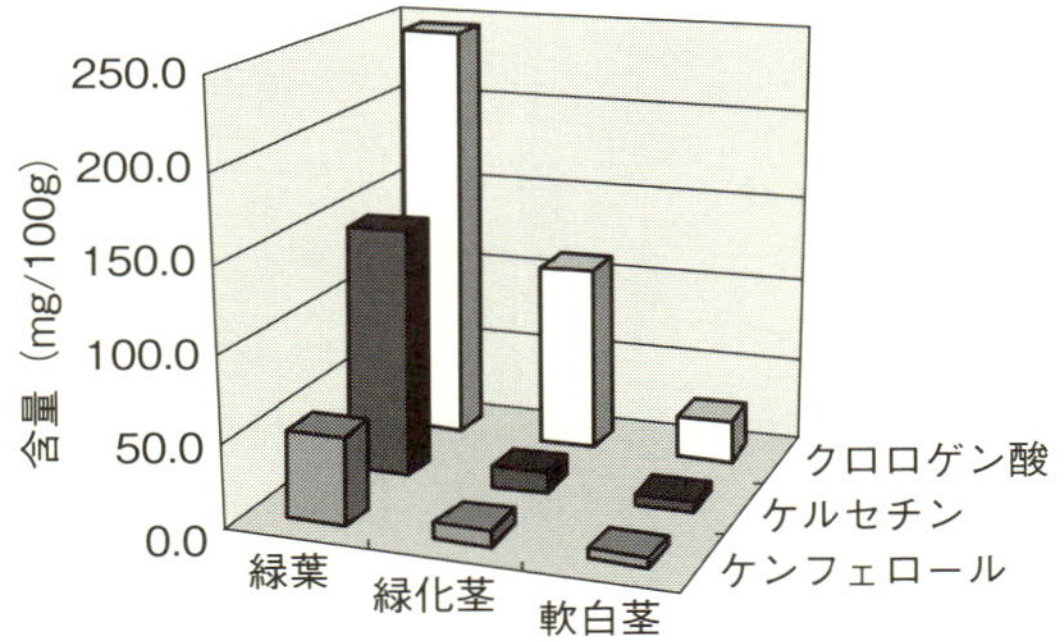

クロロゲン酸

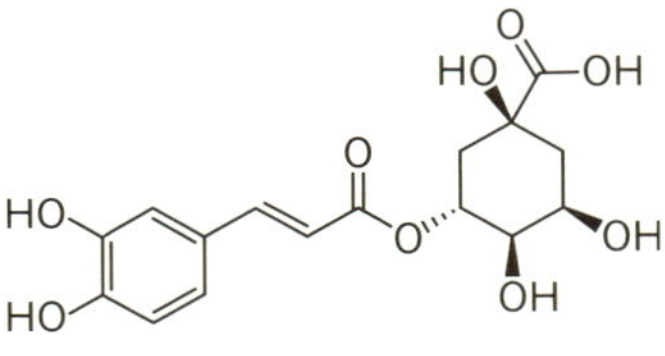

アスパラギン酸

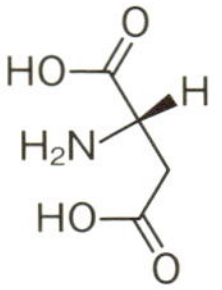

27 セサミンはゴマの機能性成分リグナンの代表格

ゴマはアフリカ原産で、紀元前5世紀ごろ、西域の胡の国から中国に導入されたので「胡麻」と呼ばれるようになりました。白ゴマ、黒ゴマ、黄ゴマ（または金ゴマ、茶ゴマ）など、種子の外皮の色によって分類されます。味の特徴としては、白ゴマはほのかな甘みがあり、黒ゴマは香りが強く、コクがあります。黄ゴマは香りがよく、味が濃厚です。

アフリカのサバンナには約30種の野生種のゴマが生育しており、ゴマの起源地はスーダン東部であろうというのが有力です。ナイル川流域では5000年以上前から栽培された記録があります。古代エジプトでは、ゴマは体に良い食べ物とされ、薬用利用などしていたことが医薬書に象形文字で紹介されています。

日本では縄文時代の遺跡からゴマ種子の出土事例があります。奈良時代には、ゴマを圧搾しゴマ油を作り食用油として調理したり、燈油として用いられていました。平安時代の『延喜式』では、ゴマの菓子や薬用利用について記されています。

ゴマは含油率が約50％以上あり、搾ってゴマ油として用いられます。煎りゴマを材料に独特の香りを出した焙煎ゴマ油と、ゴマを煎ることなく精製しゴマ本来の旨みを出した太白油・白ゴマ油（未焙煎ゴマ油）とに分かれます。ゴマ油には、オレイン酸、リノール酸、ステアリン酸、カルシウムが多く含まれます。

ゴマには抗酸化物質として働くリグナンも豊富に含まれています。ゴマの代表的なリグナンがセサミンです。活性酸素が体内で生成されるのを抑え、肝臓機能を強化し細胞の老化やがんを抑制する作用があります。脂質はオレイン酸、リノール酸が80％を占め、タンパク質も豊富に含み、コレステロール抑制にも効果があ

ります。黒ゴマの皮の部分にはタンニン系ポリフェノール色素も多く含まれています。

２００９年、リグナン含有量が高い黒ゴマ新品種「ごまえもん」と白ゴマ新品種「ごまひめ」が育成され、品種登録出願されました。その後、両品種はそれぞれ「まるえもん」と「まるひめ」に名称変更されています。

セサミン

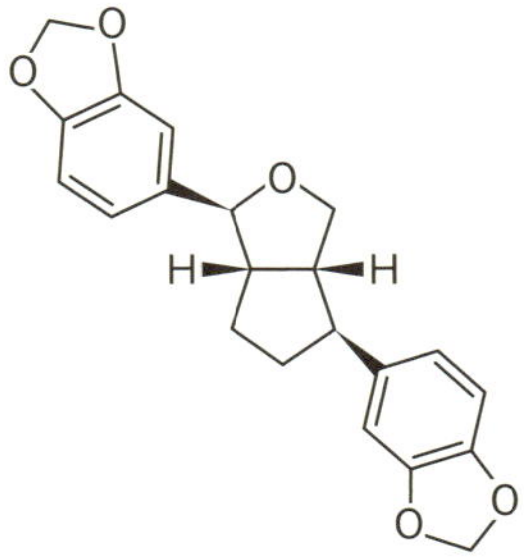

28 ショウガは生薬としても需要が大きい

ショウガ（生姜）は熱帯アジア原産で世界各地において栽培されている多年生草本で、その根茎は古くより食用、薬用とされ、インド、中国では紀元前より保存食、医薬品として利用されていました。中国最古の本草書『神農本草経』にも収載され、漢方、中国医学で使用される処方の配合生薬において甘草に次いで使用頻度の高い重要な生薬として知られ、日本薬局方にも収載されています。

日本薬局方では薬用部位は根茎で「生姜《しょうきょう》」と呼び、新鮮根茎のコルク層を除き、そのまま乾燥または石灰をまぶすなどして乾燥処理して調製します。漢方では風邪、健胃消化、鎮吐、鎮痛などの治療を目的とする処方に配合されています。また、新鮮根茎を湯通し、または蒸した後に乾燥したものは「乾姜《かんきょう》」と呼び、漢方処方において区別されて使用されています。一方、中国では、ショウガの新鮮根茎を「生姜」と称し、鎮吐、去痰、鎮咳、解毒、解熱および消化器系の機能亢進などに用い、日本薬局方の生姜に相当するショウガの乾燥根茎を「乾姜」と称し、鎮嗽、腹痛、胃痛および消化管内の停滞改善などの処方に配合されます。このように日本の漢方と中国医学での生姜と乾姜のとらえ方には違いがあります。

ショウガは日本には2～3世紀ごろに中国から伝わったといわれており、主に薬用として栽培されていましたが、江戸時代ごろからは食用としても広く栽培されるようになりました。特有の辛味と香りから日本料理をはじめ香辛料として世界各地の料理で広く利用され、紅生姜、焼き生姜、味噌や醤油などにつけた生姜、おろし生姜などの薬味、酢漬けにして寿司に添えたりなど、漬物、調味料原料、菓子などの加工食品として大量に消費されています。

ショウガの成分には、ビサボラン型セスキテルペンを主成分とするジンギベレン、ビサボレンなどの精油成分、辛味主成分の6-ギンゲロール、その加熱処理によりその含量が高くなるショーガオール類などが知られています。

ジンゲロールは、生のショウガに含まれている辛味成分の一つです。ジンゲロールは加熱・乾燥によってショーガオールに変化する性質をもっています。血流を促進する作用により、冷えを改善する効果や免疫力を向上させる効果が期待されています。ジンゲロールの殺菌作用は寿司に使用されています。

ショウガの精油成分

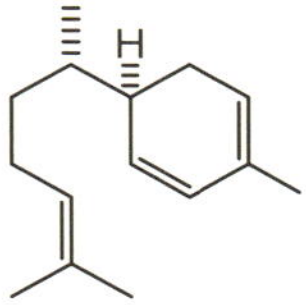

ジンギベレン

ショウガの辛味成分

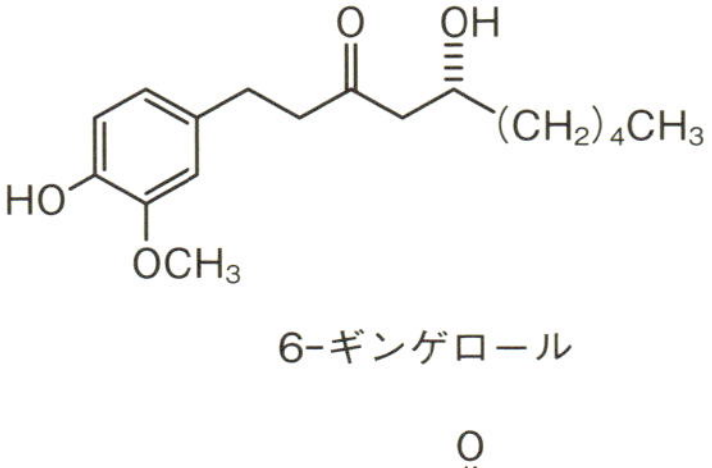

6-ギンゲロール

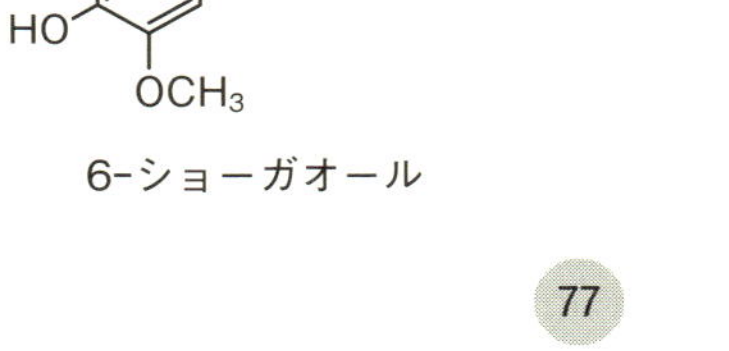

6-ショーガオール

29 ミョウガの辛味成分は風邪予防にも作用

ミョウガ（茗荷）は独特の香りと触感の特徴が好まれ、薬味として古来より食材に利用されています。一般的なミョウガ（花ミョウガ）と、幼茎を軟化栽培したミョウガタケに大別されます。花ミョウガは、土の中から生えてきたら、花が咲く前に収穫します。ミョウガタケは、植え付けたときから覆いをかけて50～60cmになったら収穫します。主な生産地は、花ミョウガは高知県、奈良県、群馬県、秋田県、ミョウガタケは宮崎県です。

ミョウガの食用部位は花穂および若芽の茎なので雄しべも雌しべもありますが、染色体数が5倍体なので受精しても果実ができません。繁殖は地下茎による栄養体繁殖が主体です。ごく稀に夏から秋にかけて温度が高い時に実を結ぶことがあります。地上部に見える葉を伴った茎状のものは偽茎です。

ミョウガの香りは眠気覚ましや食欲増進などに働きかけるので、夏場の夏バテ防止効果も期待できます。ミョウガの花の水溶性植物色素アントシアニンの一種にはマルビデン3-ルチノサイドが含まれており、これが胃アトニーを防ぎ消化を促進させます。

花の精油は45種類含まれ、主なものは、β-フェランドレン、α-フムレン、β-エレメン、β-ピネン、α-フェランドレン、α-ピネン、β-カルボフィレンです。これらの精油は大脳皮質を刺激する眠気を醒めさせ、延髄を活発化し、発汗、呼吸血液の循環を良くする作用があります。

また、辛味成分のミョウガジオールとミョウガトリオールは強い抗菌作用があるので、風邪予防としても効果的です。

ミョウガの辛味成分を発見したのは、東京都文京区の茗荷谷にあるお茶の水女子大学の森光康次郎教授でした。「茗荷谷」という地名は、江戸時代にこのあたりまで広がっていたミョウガ畑を見下ろす谷であったことに由来します。

花ミョウガ

マルビデン3-ルチノサイド

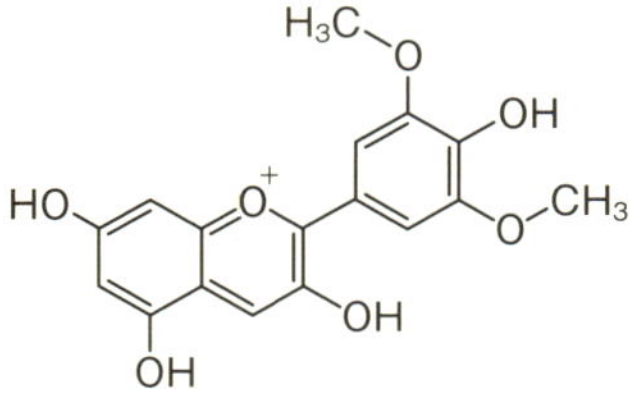

β-フェランドレン

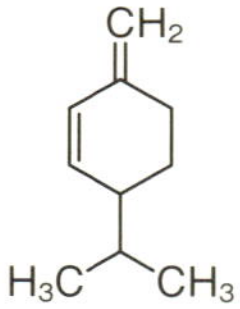

α-フムレン

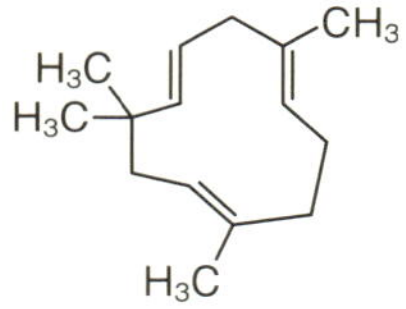

30 ワサビの辛味成分に抗がん・抗アレルギー作用も発見

ワサビ（山葵）は日本原産のアブラナ科の植物です。北海道から九州の深山の渓谷沿いの斜面や小沢の水辺に生育しています。

ワサビの名前は飛鳥時代から知られて、平安時代の『和名類聚抄』にも「和佐比」の名前が見られます。江戸時代に入ると広く寿司や刺身の調味料として、一般に普及し、浸透していきました。

市場のワサビは、渓流や湧水で育てる水ワサビ（谷ワサビ、沢ワサビ）と、畑で育てる畑ワサビ（陸ワサビ）があります。水ワサビは根茎が大きくなります。これは、水ワサビは流水と透水性の良い土壌によって、生育阻害物質のアリルイソチオシアネートが洗い流されるので大きくなるからです。

山口県の滑山国有林で、野生のワサビを見たことがありました。このワサビは葉ばかり大きくて、地下部はほとんど太くなりませんが、葉を調理して食料にしています。知り合いの農家のおばちゃんが調理法を教えてくれました。

まず、ワサビの葉と茎を全部付け水洗し、２㎝くらいに切ってザルに入れます。ザルがすっぽり入るボールに切った葉ワサビの入ったザルを入れ、沸騰した熱湯をヒタヒタになるまで回しがけします。すぐにザルをボールから出し、ボールにたまったお湯を再度ワサビにかけます。すぐに冷水にとって冷まします。ザルの中で良く揉んでさらに塩を軽くふり、またよくく揉みます。保存瓶に7分目入れ、醤油を一差しし、蓋をきっちり閉め、横にして冷蔵庫に入れます。30分に1回程度、蓋を取らずに瓶を振ると1時間で食べられます。必ず7分目以上入れないこと、密封できるガラス容器を使うこと、横に寝かすことを守れば、きれいな

緑の辛いワサビができます。

ワサビの香りと辛みは、この調理法でわかります。葉と茎に含まれているシニグリンが、熱湯の入ったコールの中で細胞が壊れて細胞内の酵素シリンギンミロシナーゼが溶け出し、シニグリンから辛み成分のアリルイソチオシアネートができます。山奥のおばあちゃんの知恵に驚かされました。

ワサビには、新しい機能性が発見されています。ワサビの辛味成分の6-メチルイソヘキシルイソチオシアナート、7-メチルチオヘプチルイソチオシアナート、8-メチルチオオクチルイソチオシアナートは、抗菌効果や胃がん細胞増殖抑制作用が知られています。また、神経細胞の再生を促し記憶力や学習能力を改善させることも発見されています。

また、ワサビの辛味成分のアリルイソチアシアネートが酸化ストレスを防ぐ体内酵素を活性化させて、人の老化や疾病を防ぐ一定の効果の他に抗アレルギー作用があると発表されました。

また、ワサビ葉に含まれるイソサポナリンには、コラーゲン産生を促進する作用があります。

31 刺身のツマのヤナギタデには高血圧改善作用もある

刺身のツマにつく辛みのある紅蓼《べにたで》は、ヤナギタデの子葉です。ヤナギタデは広島や博多が主な生産地で、日本はもとより海外でも古くから食用や薬用として親しまれてきました。中国では主に民間薬として毒虫の解毒や虫除け、解熱剤や日射病の予防および興奮剤に利用されています。ヨーロッパでは、利尿剤や下痢止めとしても使われてきました。

ヤナギタデが食用や薬草として親しまれてきたのは、ピリッとした辛みにあります。茎や葉に含まれたタデオールという辛味成分が味覚神経の末端を刺激して食欲を増し、消化を助けるのです。

ヤナギタデは、野菜としての利用法により「芽タデ」とか「笹タデ」と呼ばれています。

芽タデは発芽した子葉を用います。葉の色により「ベニタデ」と「アオタデ」に区別されています。「ベニタデ」の子葉は濃赤紫色ですが、「アオタデ」は緑色です。ベニタデの紅色の色素は「イデイン」と呼ばれるアントシアニン系の色素です。

笹タデは、葉の形が笹のようなのでこう呼ばれています。茎葉全体にさわやかな香りがあり、また舌にピリッとくる辛味があります。このことから、魚料理の香辛料としてよく利用されます。

ヤナギタデの辛味は胃を刺激し胃液の分泌を促すので消化を助け食欲をそそる働きがあります。また、くさみを消すだけでなく、解毒効果もあります。

ヤナギタデには、抗酸化性が高いポリフェノールが豊富で、その中でも特にイデイン、イソケルシトリンの含有量が高いことがわかっています。これらはヒト赤血球の変形能低下を抑制する効果があるので、血液をサラサラするといわれています。

加齢性眼病予防に有用なカルテロイドの一種であるルテインの含有量も一般野菜と比べて高いことが明らかになっています。また、アレルギー低下作用が確認されています。

この他にも、ヤナギタデには高血圧を改善する成分が多く含まれていることが発表されました。タデの新芽には塩分の取りすぎによる高血圧を引き起こす酵素を抑える成分が多く含まれることが確認されたそうです。

芽タデ

辛味成分のタデオール

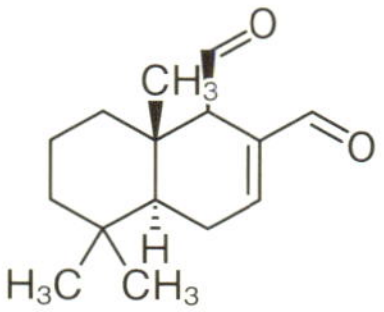

イソケルシトリン

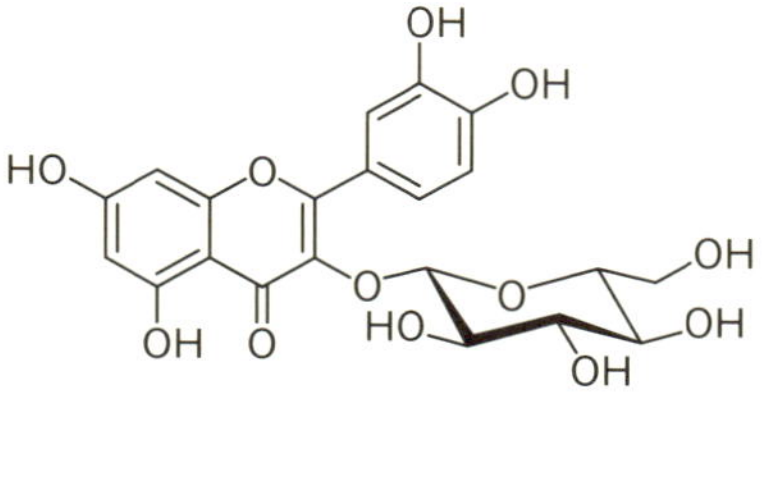

イデイン

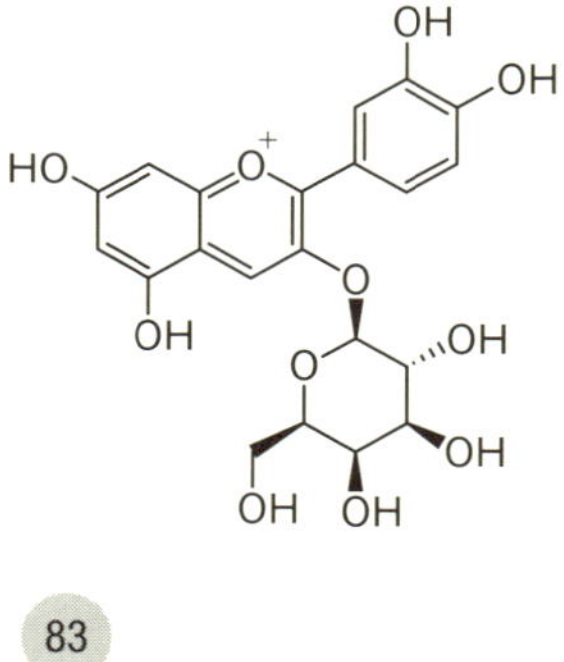

32 キクの花には抗酸化作用、葉には血糖値抑制作用

キク（菊）は花のきれいなキク属の植物を包括的にいう場合もありますが、ここでは観賞用および食用として栽培されるキクのことです。食用菊と観賞用菊とに植物学的違いはなく、食用部位の花や葉に苦味が少なく食味がよいもの、花色の見栄えがよいものが食用に用いられています。

60種ほどが食用菊とされており、主に青森県で栽培される花が黄色の品種「阿房宮」や、主に新潟県や山形県で栽培される花が紫紅色の品種「延命楽」が代表的で、これらは百数十年の栽培歴があります。食用菊には刺身などの料理に添えられる黄色い小菊「つま菊」や「菊葉」も含まれます。これらはほぼ愛知県産で、ハウスで周年栽培されています。冬季は沖縄産食用菊が流通しています。

観賞用菊も可食ですが、食味を考慮して食用品種を利用します。

秋頃、野菜売り場に頭状花の生花が出回り、花から花弁のみをむしって利用します。花はおひたし、天ぷら、汁物の具などのほか、生の花弁を薬味にします。小菊はつま菊として特に刺身に添えられますが、これは香気成分による食中毒原因細菌に対する殺菌効果を期待したものです。葉は料理のつまや天ぷらとして利用します。加工品としては、「菊海苔」や「干し菊」が流通しています。東北地方では漬物に菊を入れたものが見られますが、なかでも「晩菊」は山形の味として有名です。

キクの花および葉の成分はフラボノイド、香気成分（精油）、カロテノイドなどであり、抗酸化、抗菌活性などが知られています。また、食用菊の血糖値上昇抑制作用が報告されています。

キクは、「菊花《きくか》」として日本薬局方に収載されています。菊花は、キク（菊花）またはシマカンギク（野菊花）の頭花です。効能は頭痛、めまい、目の充血の改善で、菊花を含む漢方処方には釣藤散（神経症、慢性頭痛、高血圧など）、清上蠲痛湯（慢性頭痛、顔面痛など）などがあります。

シュンギク（春菊）も広義のキクで、主に葉が食用です。この地中海地方原産の植物は日本では17世紀より野菜として親しまれています。葉にも精油成分を多く含みキクと同様に健康への効果が期待されます。一方、ジョチュウギク（除虫菊）は、ピレスリン類という殺虫成分を含み非食用です。家庭菜園で食用菊と混植しないよう注意しましょう。

33 ウメにはクエン酸の他にも いろいろ機能性成分が見つかっている

ウメ（梅）は中国が原産地で、漢の時代の『神農本草経』に「烏梅《うばい》」という薬として記載され、日本へは約1500年前に伝来しました。これは青梅を薫製・乾燥したもので、現在でも漢方薬の一つになっています。塩漬が「梅干し」として書物に初めて登場したのが日本最古の医学書『医心方』です。鎌倉時代には僧侶にお菓子として、室町時代には食膳に用いられました。江戸時代は幕府が梅を食用と園芸用に植えることを奨励しました。明治時代、全国的に流行したコレラや赤痢の予防・治療に梅干しが用いられ、日清・日露戦争でも重要な軍糧として活躍しました。

梅干しを見たり思い出したりするだけで口の中に唾液が広がったという人は多いと思います。ウメの酸味は体内の消化器官を刺激し唾液など消化酵素の分泌を促し、食欲を増進させるとともに消化を助けます。

梅がすっぱいのは、クエン酸という有機酸によります。血液中に乳酸が溜まると細胞の老化につながり、動脈硬化、高血圧などの生活習慣病の原因になりやすいですが、クエン酸は乳酸を水と炭酸ガスに分解し体の外へ出す働きがあります。体の中で疲労物質が産出されるのが抑えられ、疲労回復を助けています。

骨の材料であるカルシウムは水に溶けにくく吸収率の低い栄養素ですが、クエン酸と一緒に摂取すると水溶性に変化して腸管からの吸収率がアップし骨の老化を予防します。

1999年、農水省の食品研究所のグループが梅肉エキスに含まれるムメフラールという機能成分を発表しました。梅肉に含まれるクエン酸が過熱、濃縮していく過程でブドウ糖の一部が分解して5-ヒドロキシメチルフルフラールという成分に変化し、さらにクエ

動脈硬化の予防作用のある ムメフラール

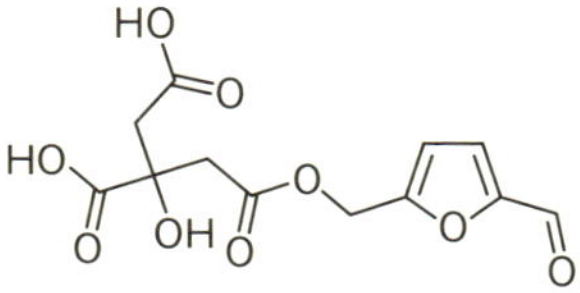

インフルエンザウイルス増殖を抑える エポキシリオニレシノール

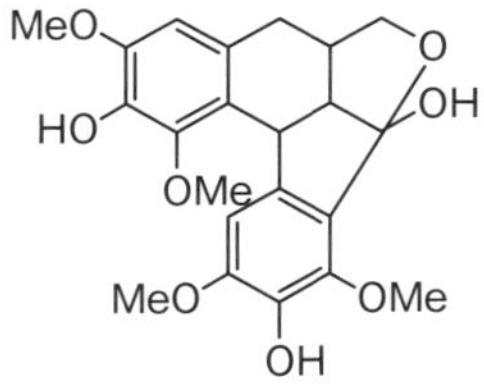

オレアノール酸

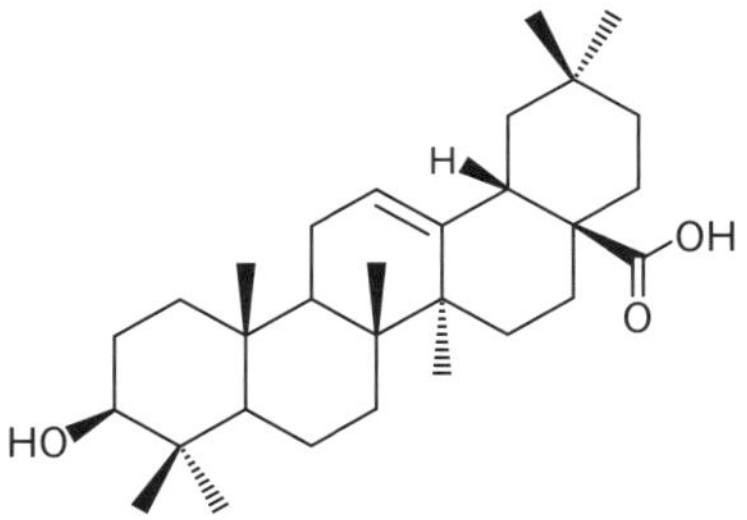

ン酸が結合してムメフラールが生成します。ムメフラールとクエン酸の相乗効果で血液がサラサラと流れやすくなり、血液中にコレステロールが溜まるのを抑えてくれるので、血管が詰まりにくくなり、血管の老化を防ぎます。血流がよくなれば動脈硬化や高血圧などの病気を予防でき、冷え症や肩こりなども予防・改善することができます。さらに、新陳代謝が活発になるので、老化にブレーキをかけることもできます。

日本人の50歳以上の60～70％がピロリ菌に感染していると見られています。ピロリ菌は胃の中で泳いで胃粘膜に感染しますが、梅干しに含まれる梅リグナンという成分はピロリ菌の運動能を減少させ、感染を抑制して胃がんの発生を予防します。

この他にも、ウメのエポキシリオニレシノールがインフルエンザウイルス増殖を抑えることがわかりました。ウメの糖尿病予防効果を示すオレアノール酸が、血糖値の上昇、肥満などに関連づけられる酵素（α－グルコシダーゼ）の働きを効果的に阻害することが明らかになりました。

第4章
野菜の機能性を高める技術

34 交配育種で成分含量の高い品種を開発

野菜の特性を明らかにして新しい品種を作り出す方法に、選抜育種と交配育種があります。選抜育種は原種の系統を利用して育種を行います。今日広く栽培されているトマト、トウモロコシ、ジャガイモは、アンデスの原種の特性を利用して育成されたものです。交配育種は目標成分の生合成経路の類似した種類で育種を行います。

ここではトマトを例にして説明します。

野菜に特性があれば新種苗として登録できます。世界に8000種あるトマトの中で、190種が種苗法で登録されています。トマト種審査基準では、特性を74の形質の特性により新品種が登録できます。

野菜の品種開発は、優れた一代雑種（F1）を作り出すことが非常に重要となります。

今日トマトの代表的な品種となっている「桃太郎」は、果実の硬さ、形崩れしないぎりぎりの肉厚、糖度6度以上、均一に熟していくこと、酸度とアミノ酸の含有量などに注目して交配を重ねて1985年に作られた品種です。当時、トマトは果実の先の尖ったファースト系が主流でしたが、先の尖ったものは農作業の機械化に向きません。果実が硬く機械化に適した品種がアメリカで開発されており、色、食味、病害虫耐性などの性質については、何千ある品種の中から親を選び出して交配を重ね実際に栽培していき、先端が丸い品種「桃太郎」が開発され、今日、「桃太郎」シリーズは24品種が登録されています。

種苗法の特性の中に色に関する形質があります。完熟果の果色は、基準品種のイエローペアーは黄色、サンゴールドはオレンジ色、桃太郎はピンク色、モネイマーカーは赤色です。果実の赤い色に注目した新品種

の「レッドカゴメ79」は1982年に登録されました。

カゴメは1998年からリコペン含量の高いトマトの開発に取り組みました。（lycopene はドイツ語読みで「リコペン」、英語読みでは「リコピン」です。化学物質名はドイツ語読みから始まりましたが、今は英語読みも広く使われています。）

生食に向かないとされていた加工用のトマトのリコペン量を測定してみると、赤いトマトほどリコペン値が高いことが明らかになりました。そこで付加価値のあるトマトを提供するためリコペン値の高いトマトの開発が始まりました。

新品種の開発は気の遠くなるような長期事業です。毎年500種開発し育てて収穫し、生産性やリコペン量、味を試すことが繰り返されました。その中からものになるのはせいぜい1種です。収穫は1年で1～2回のため、交配で遺伝的な性質を改良して新しい品種ができるまで約10年かかるといわれます。こうして2007年に発売した「高リコピントマト」は、リコペンが通常のトマトの1・5倍含まれています。

種苗法で登録された品種は国際的にも保護されているので、国際競争に負けない品種になっています。これから機能性成分に富んだ野菜が続々登録されることが期待できます。

35 遺伝子組み換えで野菜の機能性も向上

遺伝子組み換え技術での育種は、トウモロコシ、大豆、ベニバナなどで行われています。2014年現在、全世界のダイズ作付け面積の82%、トウモロコシの30%、ワタの68%、ナタネの25%が遺伝子組み換え作物です。日本の輸入穀類の半量以上はすでに遺伝子組み換え作物であるという推定もあります。

遺伝子組み換えは、1973年以降、放射線照射、重イオン粒子線照射、変異原性薬品などの処理で胚の染色体に変異を導入した母本を多数作成し、そこから有用な形質をもつ個体を選抜する作業を重ねるという手順で行われていました。

1986年、国立衛生試験所筑波薬用植物栽培試験場の下村講一郎博士は、土壌細菌のR1プラスミドをナス科のベラドンナに遺伝子導入することに成功しました。遺伝子の導入は、土壌細菌を植物体に感染させ、この感染部から出る毛状根を用いました。その後、細菌のプラスミドの上に色素を作る遺伝子を入れて、色素が生産されるかを観察しました。

この方法によって再分化した植物は、組み換えを示す化合物が確認され、葉の幅が広く、葉面は凹凸があって脈打ち、高さは低いことがわかりました。植物が開花したので自家受粉させ、採種した種子を人工気象室の中で播種しました。この一代雑種は、葉の特徴、茎の高さで並べてみると、メンデルの法則通りに分離され、組み換え体であることが形態からも証明されました。その後、各方面でこの遺伝子組み換え技術が検討され、希望する耐病性、害虫抵抗性、矮性などの要素が導入され、大きなビジネスになっています。

初めて市場に登場した遺伝子組み換え作物といわれるのは、ペクチンを分解する酵素ポリガラクツロナー

遺伝子組み替え作物の生育実験

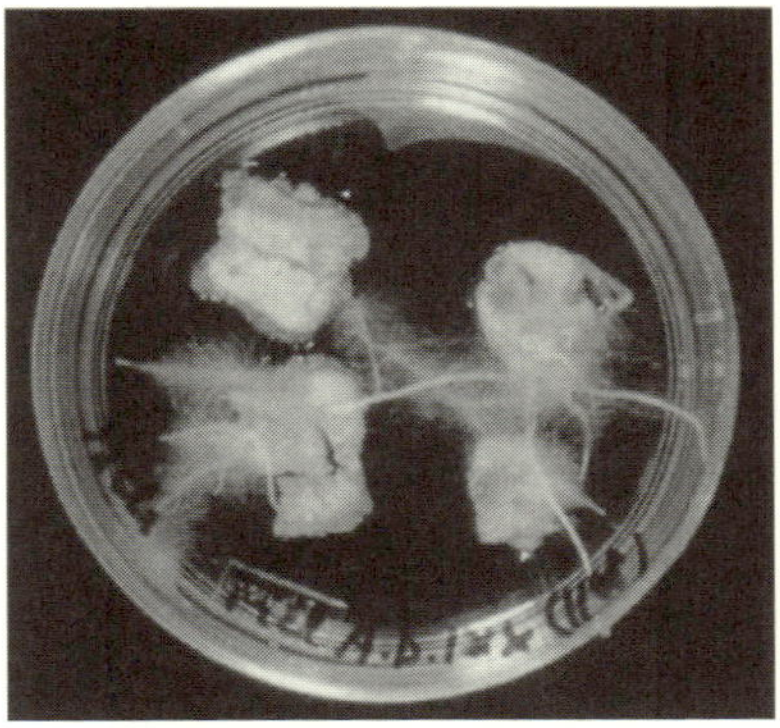

土壌細菌感染によりベラドンナの葉切片に形成した毛状根

（左）ベラドンナ正常個体の培養状態
（右）毛状根より再生した遺伝子組み替えベラドンナ

遺伝子組み替えベラドンナの開花

（左）ベラドンナ正常個体
（中央、右）毛状根より再生した遺伝子組み替えベラドンナ

（提供：東洋大学食環境科学部・下村講一郎教授）

ゼの産生を抑制したトマト「Flavr Savr」です。他のトマトと比較して、熟しても果皮や果肉が柔らかくなりにくいという特徴をもちます。

食用の遺伝子組み換え作物では、除草剤耐性、病害虫耐性、貯蔵性増大など、生産者や流通業者にとっての利点を重視した遺伝子組み換え作物の開発が先行していました。こうして生み出された食品は「第一世代遺伝子組み換え食品」と呼ばれています。

これに対し、食物の成分を改変することによって栄養価を高めたり、有害物質を減少させたり、医薬品として利用できたりするなど、消費者にとっての直接的な利益を重視した遺伝子組み換え作物の開発も近年活発となり、こうして生み出された食品を「第二世代組み換え食品」といいます。これらには、オレイン酸高含有遺伝子組み換えダイズ、ステアリドン酸含有遺伝子組み換えダイズ、プロビタミンA強化作物、ビタミンE強化ダイズ、アントシアニン高含有果実、アクリルアミド生成量の少ないジャガイモ、涙の出ないタマネギ、褐変しにくいリンゴなどが続々作られています。

遺伝子組み換えされた作物は自然界にない植物なので、資源環境を汚染する恐れがあるとか、人体に有害かもしれないということから安全性のガイドラインが各国で作られています。

日本では厚生労働省が、遺伝子組み換え技術の応用による新たな有害成分が存在していないかなど遺伝子組み換え食品の安全性について食品安全委員会の意見を聴き、総合的に審査をしています。安全性審査で問題がない場合にのみ、遺伝子組み換え食品を製造・輸入・販売することができます。

厚生労働省および内閣府食品安全委員会によって２０１６年3月29日現在、ジャガイモ、ダイズ、テンサイ、トウモロコシ、ナタネ、ワタ、アルファルファおよびパパイアの8作物３０４種類について食品の安全性が確認されています。

今後、機能性成分の豊富な野菜が遺伝子組み換えによって続々誕生することが期待されています。遺伝子組換え食品の含有の表示の整備と機能性食品の表示制度での取り扱いがこれからの問題で、健康のために便利で安全な食品が流通することが期待されます。

36 植物工場は野菜の機能性成分も高くできる

栽培環境を人工的に制御し屋内で野菜を安定生産する植物工場が近年増加しています。植物工場では培養液で養分を与え、蛍光灯やLEDなどの人工光を照射して野菜を栽培しますが、培養液や栽培光源の波長の選択などによって野菜の機能性成分を高めることも可能になります。植物工場は露地栽培に比べてコストが高くなるのがネックなので、機能性成分を高めた工場野菜は高付加価値な作物として期待されます。

その代表的な商品は、㈱村上農園の「ブロッコリースプラウト」や「ブロッコリー スーパースプラウト」、「マルチビタミンB_{12}かいわれ」などです。

スルフォラファンは、ブロッコリーに微量に含まれる有用成分の一種です。体内の解毒酵素や抗酸化酵素の生成を促し、体の抗酸化力や解毒力を高める注目成分です。見た目は同じように見えるブロッコリースプ

ラウトでもスルフォラファンの濃度は、品種、生育ステージ、栽培方法などによって大きく異なります。村上農園では、高濃度にスルフォラファンを含むことが認められた原料種子を用い、米国ジョンズ・ホプキンス大学の指導の下にブロッコリースプラウトを生産しています。

　赤血球の形成を助けるビタミンB_{12}は動物性食品にしか含まれず、野菜には本来含まれない成分ですが、村上農園は広島大学との共同開発によりビタミンB_{12}を含んだ培養液で栽培することによって、かいわれにビタミンB_{12}を含有させることに成功しました。

　体内にある脂質の代謝を良くして肝臓への脂肪蓄積を防ぐ働きのあるイノシトールは葉菜類にはほとんど含まれていませんが、南アフリカ原産のアイスプラントというハマミズナ科の植物にイノシトールが多く含まれることがわかりました。アイスプラントは、一般的な植物が行う光合成と乾燥地の植物が行う光合成を切り替えることのできる植物です。根から吸収したミネラルが体内で濃くなりすぎて調整しきれなくなると、これらの成分を細胞内に収納します。日本アドバンストアグリ㈱は、雨期と乾季の光合成の違いを利用して植物工場で実用栽培に成功し、「ツブリナ」の商品名で販売しています。

　人工光型植物工場の栽培光源は、蛍光灯に代わってＬＥＤが主流になりつつあります。ＬＥＤは光の波長を制御できるため、ＬＥＤで栽培された野菜は蛍光灯で栽培された野菜に比べて味が良く、栄養価も高くなります。

　山口大学農学部の執行《しぎょう》正義教授は、ＬＥＤ照明が野菜の機能成分含量に及ぼす影響について栽培試験を実施しました。小型人工気象器および植物工場においてリーフレタスにＬＥＤ照明して、異なるＬＥＤ主光源と近紫外ＬＥＤ補光によるリーフレタスの機能性成分（アスコルビン酸、アントシアニン）含量の向上条件を検討しました。

　その結果、ＯＹＧＢ白色ＬＥＤはレタスの人工光栽培に適した波長であり、赤色ＬＥＤ（中心波長６６０㎚）は植物体の徒長を誘起するが新鮮重や乾物重は温白色ＬＥＤとほぼ同程度となり、光合成反応を促して同化産物を蓄積される能力に長けていることがわかり

㈱村上農園の「マルチビタミンB_{12}かいわれ」

アイスプラント

パナソニックのLED植物工場システム

〔提供：パナソニック（株）AVCネットワーク社　アグリ事業推進室〕

ました。近紫外LED補光によるリーフレタスの機能性成分向上では、400㎚付近の近紫外光が植物体のアスコルビン酸、アントシアニン増加に利用できることが判明しました。植物工場で近紫外補光を施したリーフレタスにおけるアスコルビン酸の変化を調査した結果、近紫外補光の効果が立証され、近紫外LED（中心波長405㎚）照射が植物生体内において抗酸化成分が増大しました。

パナソニックは、執行教授と昭和電工が共同開発したLED高速栽培法「SHIGYO法」を導入したLED植物工場システムを構築し、2015年より外販を開始しました。このシステムは、野菜の生育に最適な温度、炭酸ガスの濃度および培養液などの環境条件をセンシングし集積して統合環境制御する条件を決め、これによって照明条件を決めて生産を行います。味と食感が良くなり機能性化合物の含有量も高くなることが期待できます。

第5章
地域特産の機能性成分に富んだ野菜

37 京都の伝統野菜の機能性が解明される

京都は平安朝以来、食文化の中心地でした。国内各地の洗練された食材が持ち込まれましたが、京都は海から遠いので野菜中心の食文化が栄えてきました。また、寺社を中心に精進料理が発達しました。

各地から持ち込まれた野菜が京都特有の気候風土に合わせて栽培されてきたのが「京野菜」です。「京野菜」といわれるものは36種類が挙げられます。その主なものは、堀川ゴボウ、万願寺トウガラシ、エビイモ、京タケノコ、聖護院ダイコン、花菜、ミブナ、鹿ケ谷カボチャ、スグキ菜、京ミョウガ、ミズナ、九条ネギ、クワイ、聖護院カブ、京セリなどです。

この中には国外から持ち込まれて京都に定着したものもあります。南米のペルーからスペインに持ち込まれたピーマンは「万願寺トウガラシ」として定着し、ポルトガル人が種子島に鉄砲と一緒に持ち込んだカボチャは「鹿ケ谷カボチャ」として定着しています。中国から持ち込まれたカブが京都で育種されたものに「聖護院カブ」と「スグキ菜」があります。江戸時代長崎から導入された里芋を京都で品種改良したのが「エビイモ」です。

京野菜の78品目について機能性解明の調査が、京都府立大学や京都府農林水産技術センターなどの研究機関で行われました。その結果、紫ずきんや堀川ゴボウ、京かんざし（金時ニンジン葉）、佐波賀ダイコンなどの数種のダイコン類の葉、セリ、花菜に高い抗酸化性が確認されました。また、桂ウリの香気成分や佐波賀ダイコンなどの辛味成分に発がん抑制作用が認められました。

桂ウリの香気成分は3メチルチオプロピオ酸エチールエステル（ＭＴＰＥ）です。桂ウリの完熟果はメロンのような芳醇な甘い香りをもつにもかかわらず食べてみるとほとんど甘みがなく、糖分・カロリーが低いという特徴があります。そこで、低カロリー甘味料と組み合わせることにより糖分やカロリーが気になる人にも安心して食べられるデザートへの利用が検討されています。

京野菜の機能性試験結果

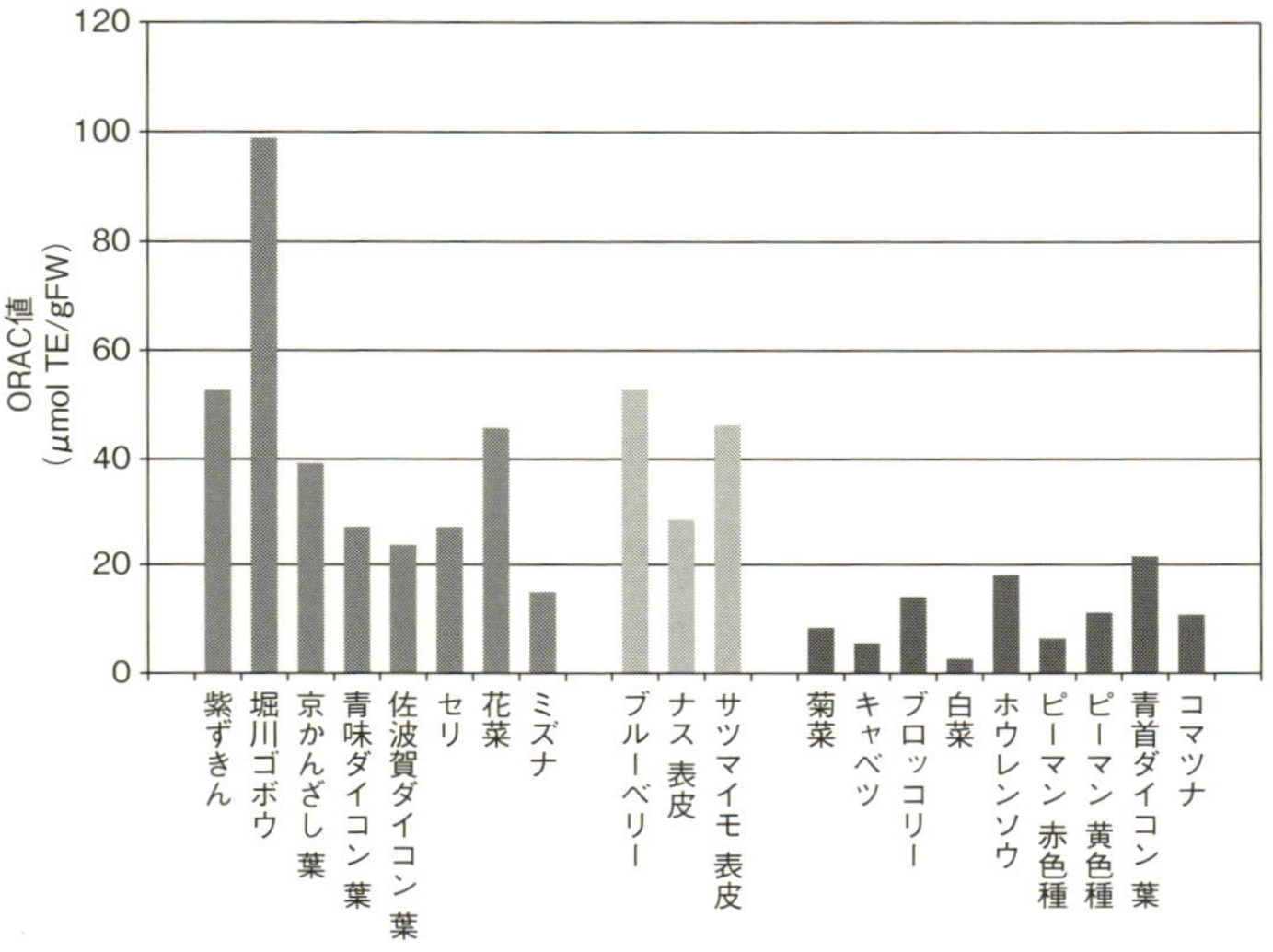

●抗酸化力の比較

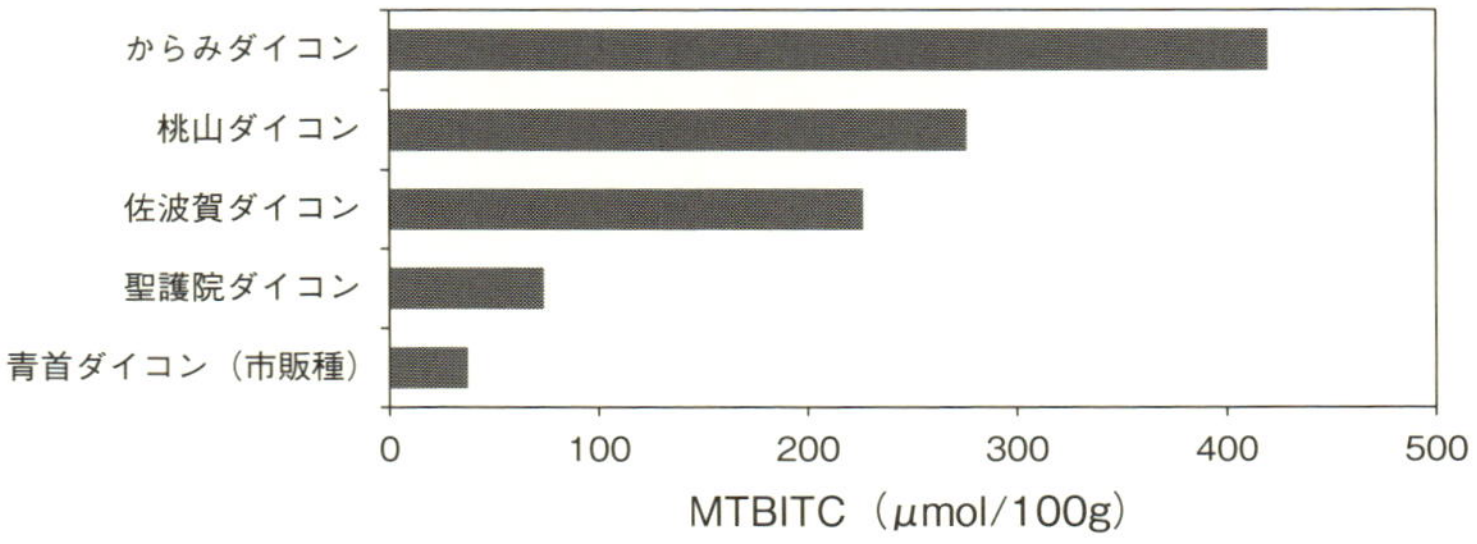

●大根の辛味成分含有量

〔京都府農林水産技術センター資料〕

桂ウリの香気成分の3メチルチオプロピオ酸エチールエステル

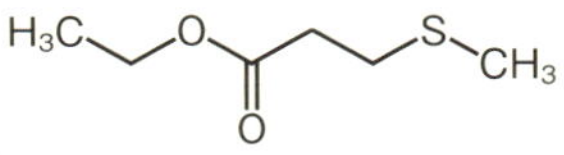

38 ローカルから全国区の野菜になったゴーヤは糖尿病予防作用ももつ

ゴーヤ（ニガウリ）は東南アジア原産で、琉球王国時代に沖縄に伝わってきました。琉球王国時代の書物『琉球国由来記』（1713年）に「苦瓜《にがうり》」の名称が見られます。沖縄では健康を維持するための薬とされ、沖縄の方言で「クスイムン（薬物）」「ヌチグスイ（命薬）」といいます。沖縄ではゴーヤは、ただの野菜としてではなく、夏バテ予防のために食べられていました。

沖縄ではゴーヤの露地栽培が可能でしたが、沖縄以北は栽培が困難でした。九州各地でも栽培されましたが、苦味が強いため広く流通されませんでした。

1972年にウリミバエが沖縄に上陸してゴーヤは汚染され野菜としての流通が減少し、絶滅の恐れもでてきました。アメリカで成功した放射線「コバルト60」をウリミバエに照射して生殖細胞を破壊する方法が確立されたため1993年にウリミバエは沖縄で絶滅しました。これによってゴーヤの流通は増えるようになったのです。

ウリミバエの絶滅が進むと同時に沖縄県の内外からゴーヤの需要が高まったので、生産量を増やすために1986年頃から沖縄県の農業試験場などで品種改良が進められました。その結果、品質が良く収穫率が高く、病害虫にも強い「群星《むるぼし》」という新種が1991年に生まれました。これは中国産の濃緑色のものと沖縄産の多収穫系の交配で生まれたもので、夏場を中心に栽培されています。

その後、1995年には「群星」と寒さに強い在来種を交配させた「汐風」という品種が生まれました。これは通年栽培が可能なのでハウス栽培が利用されるようになり、沖縄以北でもゴーヤの栽培が可能になっ

ゴーヤの原種の果実

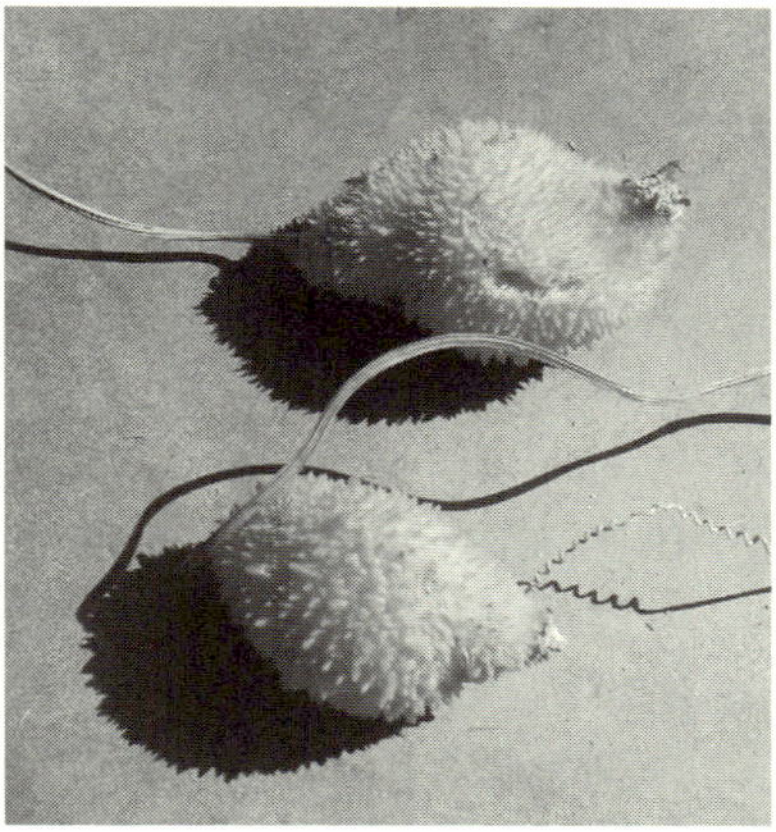

たので全国のスーパーマーケットの野菜コーナーにゴーヤが置かれるようになりました。
ゴーヤにはビタミンCやミネラルが多く含まれていて夏バテ予防や食欲増進に効果があることが以前から知られています。さらに今日では、果皮に含まれる苦味の素「モモルディシン」や「チャランチン」という成分に血糖値を下げる効果があることがわかってきました。このため糖尿病などに有効です。他にも血圧を下げる効果も認められています。種に含まれる成分にも強い血糖値降下作用や精力増強作用があり、葉や茎の成分には解毒・鎮痛作用があります。

モモルディシン

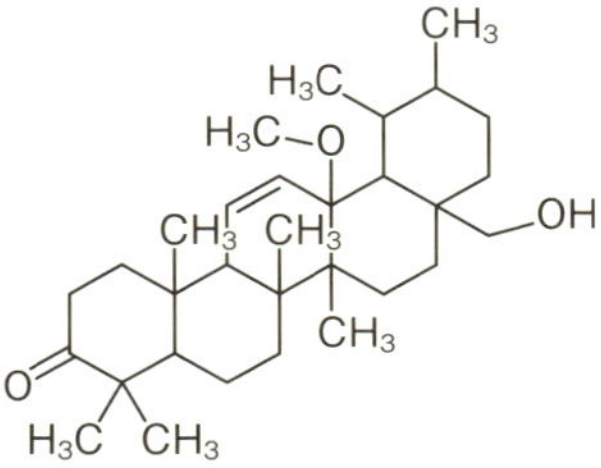

チャランチン

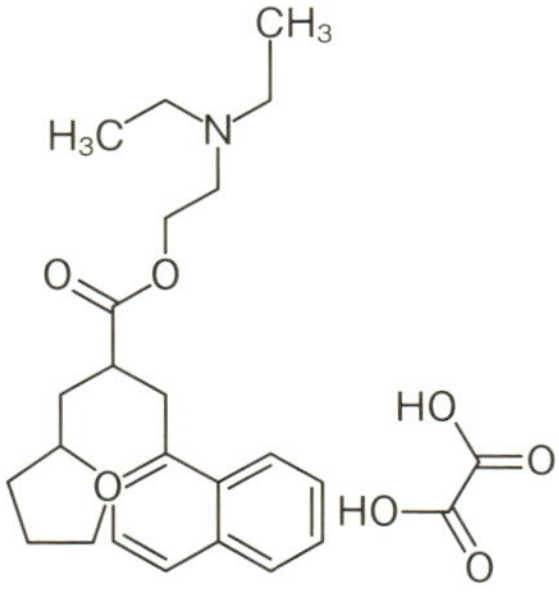

39 広島菜の機能性成分は通常の白菜を上回る

広島菜はアブラナ科に属するハクサイ（白菜）の一種であり、広島の伝統野菜の一つとされています。世界中に通用する学名においても、Brassica rapa subvar. hiroshimana と広島の名が記載されています。

これまでは主に漬け物として使われ、高菜（九州）、野沢菜（信州）と共に日本三大漬け菜の一つとされていました。栽培は主に広島県の太田川流域、特に広島市安芸南区河内地区が中心です。

広島菜の起源については定説はありませんが、江戸時代に参勤交代の時に京都から持ち帰られた京菜の一種で、大正時代以降、漬け物製造業者により本格的な販売がなされました。

広島菜の栄養面においてハクサイと食品分析表において比較すると、ミネラル成分（ナトリウム、カリウム、カルシウム、マンガン、リン、亜鉛、銅）は2～4倍量存在し、その数値はケールにも相当します。また、ビタミンE、K、B_1、B_2、B_6、Cは多量に認められ、ビタミンA、β-カロテン量は数十倍存在します。

広島大学の検討では、アブラナ科に特徴的な成分であり抗潰瘍作用があるといわれているイソチアシネート類（イオウ含有化合物）もハクサイよりは多量含有しています。また、抗酸化、抗アレルギー作用を有するポリフェノール類も確認されています。糖度は、ハクサイに比べて2倍程度の数値を示しています。

最近は、露地栽培に限らず水耕法栽培も取り入れられ、漬け物材料としてのみならず、お浸し、サラダ、水炊きなど多様な利用法が提案されています。

40 伊豆のアシタバは脂肪燃焼・血糖値低下作用もある

アシタバ（明日葉）はセリ科の植物で、伊豆諸島、伊豆半島、三浦半島および房総半島のみに野生します。多年生の草本で、高さ約１ｍ、葉は根生で、花は傘形花序に咲き、開花結実すると枯れてしまいます。

江戸時代中期に書かれた貝原益軒の『大和本草』で、滋養強壮によい八丈島の薬草として紹介されています。伊豆諸島では、野生のアシタバを収穫して野菜として食べてきました。特異な香りがあるので島民は民間の胃腸薬や滋養強壮薬としても利用してきました。

アシタバは薬用植物のトウキやシシウド仲間なので、ポリフェノール類が含まれています。特に茎や葉柄を切ると黄色の液体が滲みできます。この色はポリフェノールで、その機能性と色から「黄金のポリフェノール」と呼ばれています。

若くて柔らかい芽や葉は、お浸しとして食べられています。この部分に強壮・強精の効き目があり、食欲の増進や、疲労回復にも用いられます。強い苦味も茹でると消えます。

アシタバには、脂肪燃焼を高める作用や血糖値を下げる作用などのあることが明らかになってきました。これは、全草にある黄色の汁のカルコン誘導体で、キサントアンゲロールと４-ヒドロオキシデリリシンによるものであることがわかってきました。

カルコン類は、脂肪細胞から分泌される分泌タンパク「アディポネクチン」を増やす機能をもつとの報告があります。アディポネクチンは、血中濃度は一般的なホルモンに比べて多く、インスリン受容体を介さない糖取り込み促進作用、脂肪酸の燃焼、細胞内の脂肪酸を減少してインスリン受容体の感受性を上げる作用が報告されています。

アシタバの新しい機能性として、高脂血症・動脈硬化予防、抗がん作用関連、糖尿病予防とその治療関連、神経成長因子産生増強作用関連、認知症予防などが期待されます。

4-ハイドロキシデリシン

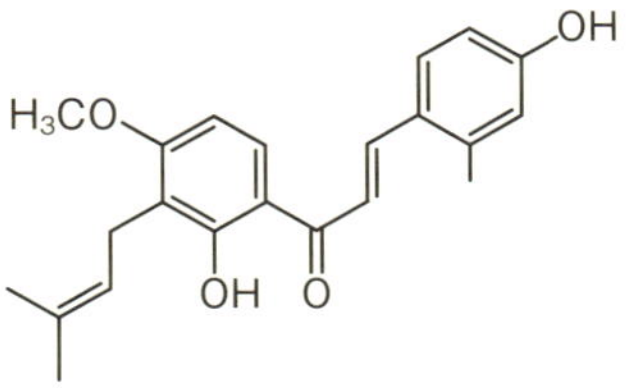

キサントアンゲロール

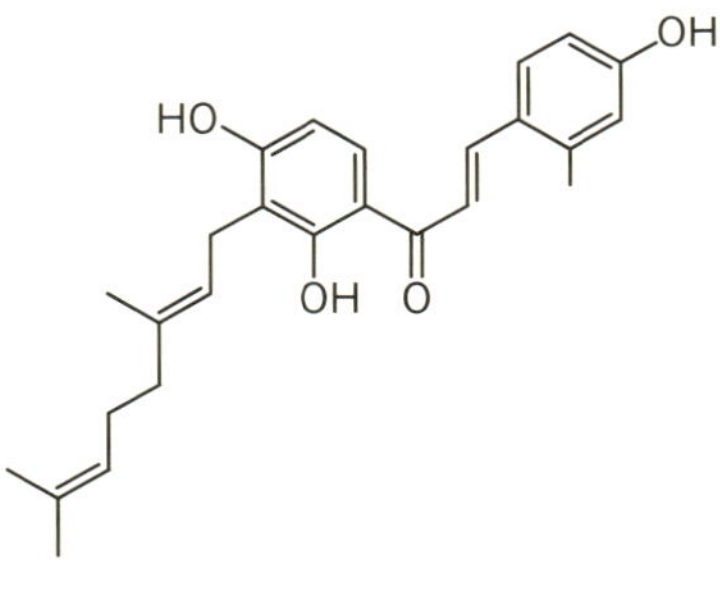

41 熱帯から熊本に伝わったスイゼンジナに血圧降下作用

スイゼンジナ（水前寺菜）は、熊本県、石川県、沖縄県で栽培されているキク科植物です。インドネシアのモルッカ諸島が原産とされ、フィリピンから台湾、沖縄、そして鹿児島を経て、熊本、金沢に伝わったと考えられます。沖縄ではハンダマ、金沢では金時草、熊本では水前寺菜とよばれていますが、同じ植物です。

「水前寺菜」という名前の由来は、煮るとぬめりがでて、それが九州に自生する淡水産藻類の水前寺海苔のようだからという説が有力です。

学名でGynura bicolor（二色の色）というように、葉の表が緑色、裏が濃紫色です。これは、アントシアニジン色素の主成分が分子内でサンドイッチ状に安定しているためと考えられます。

クロロゲン酸、フラボノイドなどのポリフェノールが多く含まれ、がん細胞の増殖抑制効果なども報告されています。また、γ-アミノ酪酸（GABA）も多く含まれます。GABAには、血圧降下、鎮静などの機能性が報告されています。実際に、スイゼンジナを食べたラットが10週間くらいでコレステロール値の低下したことが確かめられています。

葉の香気成分は、*E*-カリフィレン、α-ピネンが主であることがわかっています。

２０００年ころから熊本県の芦北町、山鹿市などで栽培されましたが、料理すると真っ黒になり食見が悪く、料理方法がわからなかったために栽培が中止されました。しかし、２００６年に「ひご野菜15種」の一つに選ばれ、これにより料理方法も工夫されました。特に水前寺菜の特産地である御船町では、婦人会や熊本農業高校の生徒が特性を活かした料理法を開発し、熊本県では1年を通して生産されています。

御船町でのスイゼンジナの栽培

葉や茎は生食でサラダにも用います。熱をかける時は10秒以内の湯通しをしますが、これは加熱し過ぎると黒くなり見かけが悪くなるからです。煮汁に酢を加え、赤紫の色素を用いると、きれいな寿司酢ができます。煮汁を毎日飲んでいる生産者の中には、化粧が不要になった、肝機能が改善された、二日酔いに良いなどの声も聞かれます。

42 油用作物ベニバナの葉も食用となる

ベニバナはキク科の一年または二年草です。その名の通り紅《べに》の原料植物です。最も古い栽培作物の一つで、野生種は知られていません。原産地は中東付近で、紀元前の古代エジプトではすでに染料として使われていました。紀元頃、中国へ伝わり、日本へは薬用および染料用として4~5世紀に渡来しました。

食用利用の目的は、種子は油、花は色素、若い全草は野菜です。種子からは、高オレイン酸または高リノール酸含有油が得られます。花は食用色素および生薬原料です。ベニバナは世界的には油用作物として栽培されており、日本はベニバナ油を全量輸入しています。食薬用としての栽培は中国が最大で、日本はほぼ全量（130トン／年）を中国から輸入しています。日本産は主に山形県（100~200kg／年）です。野菜としては主に山形県で流通しています。

花の主成分は、抗酸化性に優れるといわれるカーサマスイエロウ（サフロールイエロウ類・ベニバナ黄色素）というフラボノイド系黄色素です。加えて、ごく少量含まれるカーサマスレッド（ベニバナ赤色素）は、紅染の紅と化学的に同一の化合物です。これらの黄色および赤色素は、食品の色を調節する食品添加物として世界中の食品産業で用いられています。クチナシ青と共に用いて、不安定なクロロフィルの緑に代わり食品を緑色にすることができます。

乾燥花は生薬「紅花《こうか》」として漢方および中医学で用いられます。紅花は血流を改善して月経を通じ、瘀血を除くので、通経を目的とした折衝飲《せっしょういん》、月経を整える通導散《つうどうさん》に、また卒中後の手足痺れなどの後遺症への効果を期待した補陽環五湯《ほようかんごとう》に配合されます。加えて、血行促進と冷えを取り除くために入浴剤として用いら

れます。紅花は子宮収縮作用があるので、妊婦は使用を控えるようにします。

山形のベニバナ農家では昔からベニバナの花が咲く前の葉を柔らかいうちに収穫して食べていました。甘くておいしく、妊婦の母乳の出を促したり、血圧を下げたりするなどの体を整える効果があるといわれます。開花前の茎と葉を干したものは「紅花干し」といって、細いわりに噛みごたえがあり、ほのかな苦みが特徴です。味噌汁に入れたり炒め煮にしたりしています。

ベニバナは沖縄でも琉球王国時代から栽培されていました。沖縄の方言でベニバナは「ハチマチバナ」と呼ばれ、花びらを乾燥させ保存し、魚汁や肉汁に入れて食べる他に、煎じてお茶として飲んでいました。

沖縄では琉球王国時代から現代まで栽培されている野菜を「琉球野菜」と名付け、生産から加工、販売までを行う特産品づくりを目指していますが、その第一弾としてベニバナに注目し、栽培・商品化に取り組むことになりました。

43 フランスでは食材のタンポポには発がん抑制作用もある

春を彩る身近な植物の一つであるタンポポ（蒲公英）は、その根を炒ってコーヒーの代用とすることはよく知られていますが、ヨーロッパ、中でもフランスでは葉を「ピッサンリ」という名前で野菜として利用しています。日本では若い葉を採り水に晒してから、お浸しにしたり、根をきんぴら風に料理して食べることがありますが、どちらかといえば山菜や救荒食物の一つとして位置づけられるのでしょうか。

日本には帰化植物であるセイヨウタンポポと日本在来のタンポポが分布し、どちらがどの程度生育しているかを調べ、その割合が自然環境が保存されているかどうかの指標になるとして、日本各地でタンポポ調査（環境調査）が行われてきました。しかし、帰化種と在来種の間に生まれた雑種が存在することが明らかとなり、我々がふだん目にするタンポポの多くは雑種であることがわかりつつあります。

タンポポの仲間は古くから世界中で薬用植物として利用されてきました。ヨーロッパでは根を健胃薬とし、中国では全草を健胃、利胆、解熱、強壮薬などとして、日本では蒲公英湯《ぼこうえいとう》という漢方処方に配合され、乳汁分泌不足の改善などを目的に使用されてきました。

近年の研究で、タンポポの茎や根を折ると出る白い乳液はタラキサステロールやタラキセロールといったトリテルペノイド成分を含んでいることがわかってきました。マウスを用いた実験で、タンポポエキスにがんの発生を抑制する活性のあることがわかりました。乳がんの自然発症したマウスにタラキサステロールを混ぜた餌を与えると乳がんの発症を遅延させることが報告されています。さらに最近では、タンポポエキスに育毛作用があるとしてタンポポエキスを含有する育毛剤の開発も行われています。

　中国の明代に書かれた本草書の一つ『本草綱目』の「蒲公英」の項に「還少丹」という名の薬が登場し、「固歯牙、烏須髪、壮筋骨、生腎水」という効能が記載されています。世界各地の薬物書には、まだまだ未来の薬につながるヒントが数多く隠されているように思えます。

セイヨウタンポポ

代表的な日本在来種カントウタンポポ

タラキサステロール

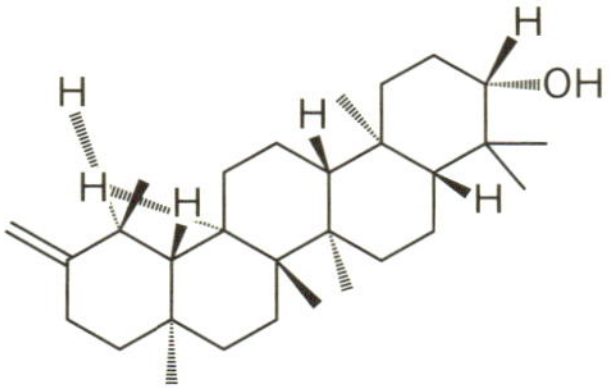

44 韓国で野菜としても食される薬草ツルニンジン

ツルニンジンは韓国、日本、中国などに分布するキキョウ科に属する植物で、古くより滋養強壮、去痰、消腫、排膿を目的に民間薬として用いられていました。地上部の茎が蔓状になり、根の外見が薬用人参に類似していることからツルニンジンという名前が付けられています。食用部分は根です。

韓国では貴重な野菜・薬草として栽培されており、特に江原道産のツルニンジンが最高品質とされ、薬用人参に匹敵する高級食材として食されています。

近年、ツルニンジンの機能性研究が行なわれ、精子形成促進作用、テストステロン低下改善作用、抗不安作用、抗炎症作用、抗老化作用、抗酸化作用、抗がん作用、抗肥満作用および肝障害改善作用を有することが報告されています。

ツルニンジンには、サポニン、フェニルプロパノイド化合物、炭水化物、タンパク質などが含まれています。

最近、動物実験において、ランセマサイドAというサポニンは、ストレスによって誘導された血中テストステロン濃度低下に対するツルニンジンの作用に大きく関与していることが明らかとなっています。

ランセマサイドAはツルニンジンに最も多く含まれるサポニンであり、日本各地で生育したツルニンジンと韓国で栽培されたツルニンジンの含量比較では、韓国産の含量が多く、生育条件で成分量が異なることが報告されています。さらに、ランセマサイドAは炎症や記憶・学習障害に対しても有効である化合物として注目されています。

ツルニンジンは、韓国では古くより食されており、安全性に関して問題となる報告はなく、動物を用いた

ランセマサイドA

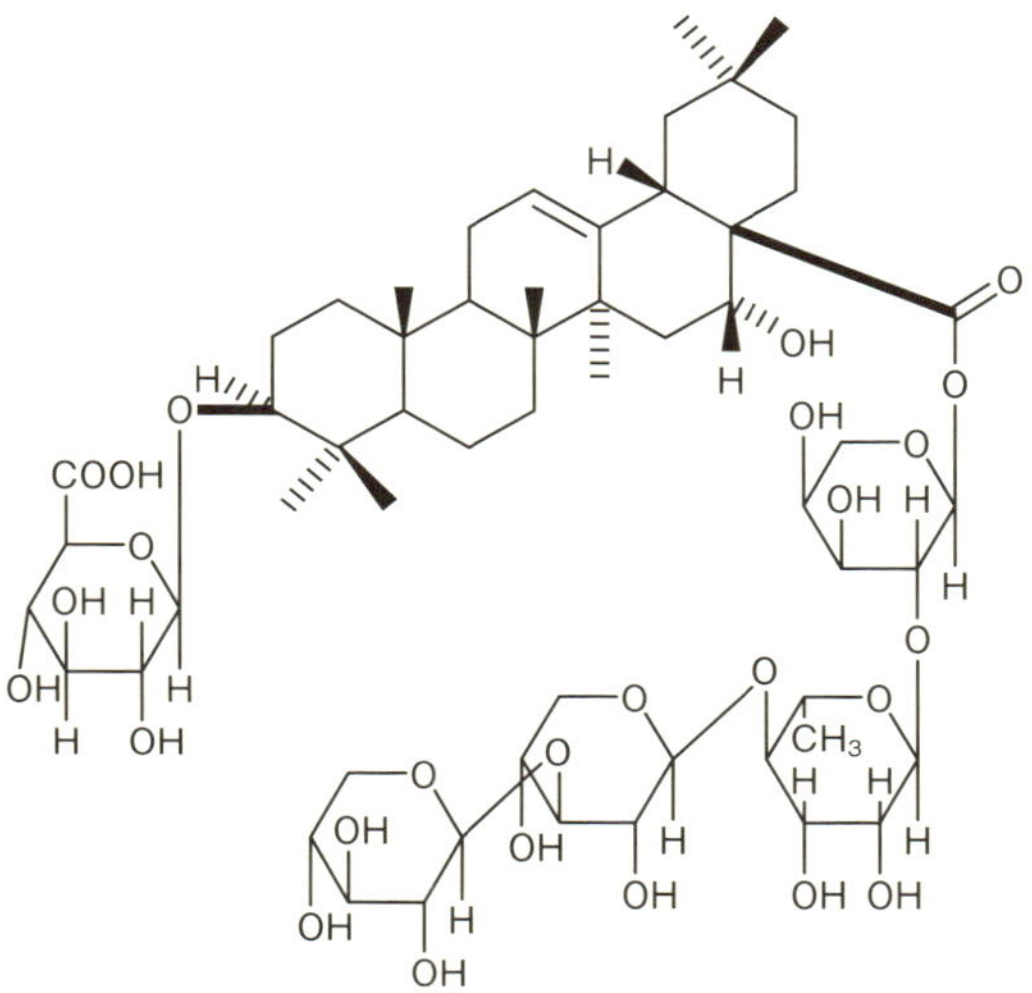

長期の安全性試験においても安全性は高いことが確認されています。今後、ツルニンジンおよびランセマサイドAのさらなる機能性解明が期待されます。

45 血糖値抑制作用のあるアンデスの野菜ヤーコン

ヤーコンはアンデス中北部原産のキク科の多年生植物です。数千年前から現地では野菜として栽培され、さまざまな用途に利用されてきました。根の粉末や根を絞って得られるシロップは甘みを有し、砂糖の代わりに甘味料としても料理に利用されます。

ヤーコンは栽培しやすく、根をきんぴら風に料理すると、シャキシャキした触感で美味しいです。この根には、血糖値を一定にし悪玉コレステロールを減らし、また体重を減量し、血圧を下げ、肝機能を改善し、がんを予防し、免疫力を高めるなど、さまざまな作用があるとされます。また、葉はお茶として利用され、ブドウ糖の吸収を遅延させ血糖値を下げる作用があるといわれています。

ヤーコンの根は生で食べることも可能で、独特の甘みを有しています。この甘み成分はフルクトオリゴ糖で、生の状態では重量の約9％、乾燥すると実に約67％を占めます。この成分は食べても体内で消化されないので、このことがヤーコンが多くの用途に利用される要因となったのです。

ヤーコンのようなキク科植物は、デンプンを含有せず、その代わりにイヌリンという物質をエネルギーの貯蔵物質として含んでいます。イヌリンは果糖がたくさん結合した重合体で、その重合度が10未満のものがフルクトオリゴ糖です。ヤーコンには、このほかにも水溶性の植物繊維やポリフェノールも多く含んでいて、身体にとてもよい野菜といえます。

今でこそ日本のスーパーでも売られるようになったヤーコンですが、今世紀になるまではあまり知られていませんでした。日本へは1970年代に一度導入されましたが、その際には定着せず、1985年にニュ

ヤーコンの花と葉

ヤーコンの根

ージーランドから再度持ち込まれ、その後、広まりました。現在では世界中で栽培され、ネパールのカトマンズ郊外の山岳地域でもヤーコンが栽培されています。その知名度の高さがよくわかります。

46 強精剤として有名になったマカはアンデスではおなじみの野菜

マカは南米ペルーに植生するアブラナ科の多年生植物です。現地では根が野菜として食されています。

約2000年前にすでにアンデス高地で栽培されており、インカ帝国の時代には特権階級の食べ物として珍重され、戦勝をあげた兵士への褒賞として与えられたという研究もあります。

栽培地は標高4000〜5000mの高地です。強烈な紫外線と酸性土壌、昼夜の温度差の激しい過酷な自然環境で、土壌の肥料を吸い取るため、一度マカを栽培した土地は数年間不毛になるといわれます。種まきの時期は10〜11月、収穫は1年後の6〜7月で、収穫された新鮮な根は野菜市場に出まわっています。3か月以上強烈な太陽光線の下で天日乾燥したマカの根は保存食としても用いられます。

日本では1990年に「国際花と緑の博覧会」でアンデス農業生物資源研究所の塩田哲夫所長が、マカの素晴らしさを初めて伝えました。その後、ペルー大統領アルベルト・フジモリが来日し、マカを含むペルーの特産品の紹介に努め、健康食品としてのマカ製品が続々誕生しました。

マカの地下部には、大量の必須アミノ酸や、ジャガイモの倍以上の鉄分とカルシウム、ビタミンB群、ミネラルの他に、アルカロイド、アントシアニン、サポニンが含まれています。また、強精作用のある成分パラメトオキシベンジールイソシアナートが解明されました。

マカに含まれているアルカロイドには、脳の疲労をやわらげる効果があることがわかっています。過敏神経を抑えることで性行為の際の勃起をスムーズにできるようにするという効能も認められています。また、動脈内の血流をスムーズにするという重要な効能もあ

強精作用をもつ パラメトオキシベンジールイソシアナート

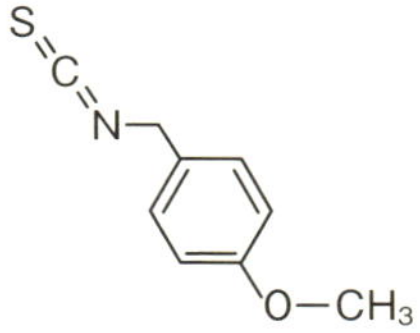

ることがわかっています。これは精力増強剤として以上の効能、つまり循環器系の病気などでもマカの使用が有効である可能性を示しています。

　マカに含まれているアントシアニンは、目に良い、眼精疲労の改善に有効です。また、身体の免疫力を向上させ、自然治癒力を改善させるという働きもあり、男性ホルモンの分泌が徐々に改善される作用もあります。

　マカに含まれているサポニンの効能としては、血液中のコレステロールを減少させたり、血栓を防ぎ、動脈硬化や脳血管の障害などの発生を低減させます。男性機能の面では精子の量が増えるという効能があります。精子の主成分はマカに含まれているアルギニンなので、勃起力だけでなく根本的な精力の回復、増大につながります。

●編著者略歴
佐竹 元吉（さたけ　もとよし）

1964年、東京薬科大学卒業。同年、国立衛生試験所（現・国立医薬品食品衛生研究所）入所。91年、国立衛生試験所生薬部長。2001年、国立医薬品食品衛生研究所退官。02年よりお茶の水女子大学生活環境教育研究センター教授。06年より同センター客員教授。13年より同センター研究協力員。15年より昭和薬科大学薬用植物園薬用植物資源研究室研究員。学術博士。
著書：「スキルアップのための漢方相談ガイド」（共著）（南風堂）、「薬用植物・生薬開発の最前線」、「薬用植物・生薬開発の新展開」（監修）（以上、シーエムシー出版）、「日本の有毒植物」（監修）（学研教育出版）、「おもしろサイエンス　薬草の科学」、「おもしろサイエンス　サプリメント・機能性食品の科学」（共著）、「おもしろサイエンス　毒と薬の科学」（編著）（以上、日刊工業新聞社）

NDC 626

おもしろサイエンス**機能性野菜の科学**
健康維持・病気予防に働く野菜の力

2016年 5月30日 初版1刷発行　　定価はカバーに表示してあります。

©編著者　佐竹元吉
発行者　井水治博
発行所　日刊工業新聞社　〒103-8548 東京都中央区日本橋小網町14番1号
書籍編集部　電話03-5644-7490
販売・管理部　電話03-5644-7410　FAX 03-5644-7400
URL　http://pub.nikkan.co.jp/
e-mail　info@media.nikkan.co.jp
振替口座　00190-2-186076

印刷・製本　美研プリンティング㈱

2016 Printed in Japan　落丁・乱丁本はお取り替えいたします。
ISBN　978-4-526-07569-8